U0494755

江户时代的妖怪游戏？！

在妖怪文化大为流行的江户时代，
日本人的歌牌（纸牌游戏）和
双陆游戏（掷骰子决定在图盘
上走动的步数）中
都出现了许多妖怪图！

绘卷上的妖怪

从古代开始，在绘卷上就出现大量关于妖怪的身影描绘……

描绘妖怪们的大游行？！

⬇妖怪们在路上列队行走的《百鬼夜行绘卷》。日本残存的许多绘卷上都描绘着相似的景象！

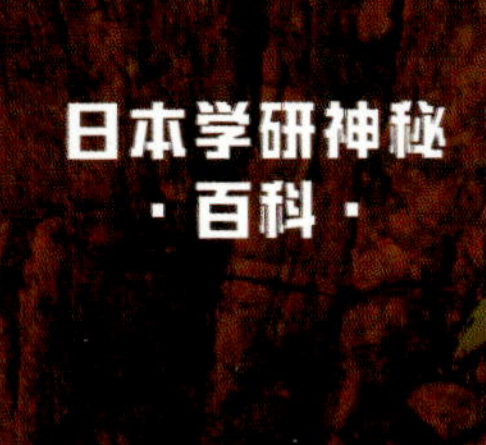

The ENCYCLOPEDIA of MONSTERS

世界妖怪大百科

日本学研教育出版社◎编著

游念玲◎译

中国·广州

广东省版权局著作合同登记号：图字 19-2023-276 号

图书在版编目（CIP）数据

日本学研神秘百科：世界妖怪大百科 / 日本学研教育出版社编著；游念玲译．— 广州：广东旅游出版社，2024.4（2024.6 重印）
ISBN 978-7-5570-3185-5

Ⅰ．①日… Ⅱ．①日… ②游… Ⅲ．①神话－世界－图集 Ⅳ．① B932.1-64

中国国家版本馆 CIP 数据核字 (2024) 第 025151 号

出 版 人：刘志松
策划编辑：魏 傩 绿香蕉
责任编辑：龙鸿波
封面设计：人马艺术设计・储平
责任校对：李瑞苑
责任技编：冼志良

日本学研神秘百科：世界妖怪大百科
RIBEN XUEYAN SHENMI BAIKE:SHIJIE YAOGUAI DABAIKE

广东旅游出版社出版发行
（广东省广州市荔湾区沙面北街71号首、二层）
邮编：510130
电话：020-87347732（总编室）020-87348887（销售热线）
投稿邮箱：2026542779@qq.com
印刷：天津丰富彩艺印刷有限公司
地址：天津市宝坻区新开口镇大新公路北侧 427 号
开本：880 毫米 ×1230 毫米 32 开
字数：66 千字
印张：5.25
版次：2024 年 4 月第 1 版
印次：2024 年 6 月第 2 次
定价：59.00 元

前言

你听说过“妖怪”吗？

在科学不发达的时代，人们将身边发生的奇异现象和可怕事件冠以名称，赋予形体，妖怪文化便由此而生。

在各种各样的传说中，有些妖怪会怀抱恶意地捉弄人类、攻击人类，有些妖怪却心存善意地赠予人类金钱以及力量。某些妖怪虽然拥有相似的特质，但因为出现的地点或时代不同而流传出不同的样貌。

不仅是日本，自遥远的上古时代直至现代，世界各地都流传着可怕的怪物和奇妙的魔物的传说。

这些妖怪的存在并不单纯是为了吓唬人，它们自古以来就在小说等文学作品中频频登场，在现代则出现在电影、漫画或

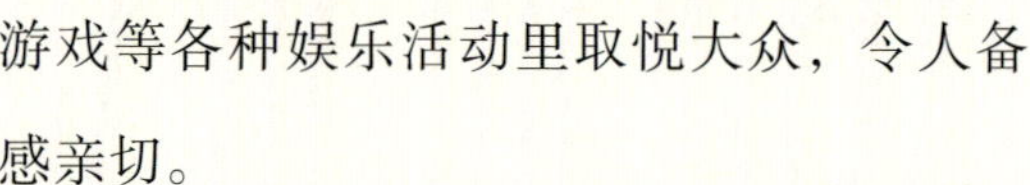

游戏等各种娱乐活动里取悦大众，令人备感亲切。

本书列举了传说中世界上的68种妖怪，告诉大家它们的生态，并搭配图片加以解说。我们知道，妖怪传说曾经紧紧地依附着人类的生活，与我们的关系非常密切。你居住的地方附近，说不定还有许多未知的妖怪传说。要小心，它们是黑暗的居民，如果我们随意接近，可能会被诱拐到它们的传说世界里去哟！

本书的使用方式

传说中在月光如水的夜晚里，街道上出现百鬼夜行的队列，
这种不可思议的事情多半是妖怪所为。
本书就为各位介绍各式各样的日本妖怪和世界怪物。
接下来，让我们一起探索妖怪之谜吧！

档案号码

我们将从1—68号依序介绍妖怪。

数据资料

除了妖怪现身的地区，书中以星号表示妖怪的危险度、妖力与稀有度。

照　片

展示人们想象中妖怪或怪物的可能样貌。

妖怪或怪物的通称。

补充相关的有趣的“冷知识”。

用语解说

祈　祷	借由佛教的祈祷仪式来削弱妖怪或恶灵的力量。
神通力	意指超能力。把平常不可能做到的事情化为可能，是一种看不见的力量。
妖　怪	是人类眼睛看不见的存在，能够引发不可思议的事情。据说在黄昏时现身，日文写作“化け物”。
幻　兽	神话或传说里描述的怪物。
神　兽	被尊奉为神明的妖怪或怪物，各地区有所不同。
变　化	怀抱着怨恨的生物或器具化身为妖怪的现象。
怪　异	妖怪或恶灵出现时发生的怪事。

目 录
CONTENTS

The Encyclopedia of Monsters

第1章 兽形妖怪

前所未见的奇妙动物、获得强大的妖力后化为妖怪的动物，本章将为您介绍传说中来自世界各地的魔兽！

（出现地点）日本栃木县，
中国、印度
危险度 ★★★★★
妖 力 ★★★★★
稀有度 ★★★★

FILE
01
Monsters of the World
九尾狐
日本最凶恶的妖狐

化身成美女为非作歹

日本平安时代（794—1192），鸟羽天皇身边有一位美丽的女官。这位名叫“玉藻前”的女官不仅美丽，而且非常聪慧，她很快便获得了鸟羽天皇的宠爱。然而，自玉藻前入宫侍奉开始，鸟羽天皇的身体就频频出状况，请医师前来诊断也找不出个中原因。

于是，阴阳师（占卜师）安倍泰成便替鸟羽天皇占卜，占卜谕示病因出在玉藻前身上。事实上，玉藻前的原形正是可怕的狐妖——“九尾狐”，它们曾在中国和印度化身为美女，接近当时的掌权者，造成亡国之祸。

一开始，鸟羽天皇不相信占卜的谕示。可是，当安倍泰成举行驱邪仪式时，玉藻前哀号着：“哎呀！你要做什么？”然后痛苦地奔跑而出，露出九尾狐的真面目，飞往天空逃走。

玉藻前被揭发了真面目，只好远离京都，向西边的那须野（现在的栃木县那须盐原市）逃亡。九尾狐到了当地，绑架女人和小孩，把他们吃下肚。不久，这些恶行便被传到朝廷里去了。

▲九尾狐以“玉藻前”之名潜入天皇生活的宫殿中。（图为鸟山石燕《画图百鬼夜行》中的玉藻前）

朝廷很快就编整军队讨伐，前往消灭九尾狐。在安倍泰成的祈祷下，九尾狐的魔力受到压制，被名弓箭手三浦介义明和上总介广常逼得走投无路。

于是，九尾狐遁入玉藻稻荷神

社，将自己变成一只蝉，静静地待在树影下，一动也不动。可是，神社里的“镜池”倒映出它的真身，讨伐军因此发现了九尾狐。最后，这只令人惊惧的最强妖狐终于被杀死了。

▼传说，在栃木县那须町，仍留有九尾狐化身的“杀生石”。

此时，令人难以置信的事情发生了。九尾狐死前残留的强大怨念竟使它的尸体化为一块巨大的毒石。据说这块石头经常喷出有毒的气体，毒害人类、动物甚至是草木，因此，不知从何时开始，便有了“杀生石”这个名字。渐渐地，那里再也没有人敢靠近。

传说，两百多年后，来自会津的玄翁和尚凭着他的法力，用禅杖敲碎杀生石，九尾狐终于升天了。我们现在可以在栃木县那须町看见当时被敲碎的杀生石。

▲对人类怀抱憎恨的化猫。它非常凶暴可怕，那钢铁般尖锐的牙齿和利爪就连人类的骨头都能轻易地咬碎和捏碎。

FILE
02
Monsters
of the World
化猫
舔舐憎恨之血变身而成
(出现地点)日本佐贺县
危险度 ★★★★★
妖 力 ★★★★★
稀有度 ★★★★★

猫的怨恨无比骇人

据说，猫一上了年纪，就会变成一种名叫“猫又”的妖猫。猫又理解人类的语言，会做出各种奇奇怪怪的事情，有些行为带着趣味性，像是头戴手帕跳舞，或者让尸体舞动起来。但猫又也有恐怖的一面，例如附身到人的身上杀死他人，或用它尖锐的牙齿将人吃下肚。

传说中，普通的猫需要十三至四十年的时间才能变成猫又。不过，即使猫活了十三年以上，我们还是得从它们的尾巴来判断它们是否成了猫又。猫又的尾巴会分叉成两条，这是它们的特征。有些猫又的尾巴从根部叉开来，有些则只有前端叉开。

有关化猫的日本传说当中，最有名的是“锅岛猫骚动”的故事，以下是故事梗概——

事情发生在江户时代（1603—1868）。肥前国佐贺藩（现在的佐贺县）的第二代藩主——锅岛光茂和家臣龙造寺又七郎下围棋时，因为胜负问题就把又七郎杀了，并将这件事当成一个秘密。但有一天，又七郎的母亲阿政知道了真相。她既悲伤又愤怒，于是举刀刺入自己的胸口，并让平常宠爱的猫咪舔舐自己的鲜血，自杀而亡。阿政死前对爱

◀佐贺县白石町的猫冢，祭祀被消灭的化猫。

猫留下了一句充满怨恨的遗言："替我们报仇。"

于是，光茂身边开始发生一连串奇怪的事，每天晚上城里都有人被杀，连光茂也染上了原因不明的疾病。这些事全都是阿政的爱猫变成的化猫所为。

后来，侍奉光茂的家臣小森半左卫门和猎人伊藤惣太与化猫展开了激烈的战斗，终于击退了化猫。

▼歌川国贞于1852年创作描绘猫化身为人的浮世绘，描述的是人类的怨恨和妖猫合为一体的产物。

猫的异变故事不是日本独有的，世界各地都流传着相关的故事，例如中国有"金华猫"的猫妖传说——金华的猫一旦被人类饲养了三年，每天晚上就会到屋顶上吸取月光的精华，然后化身为美女或美少年来迷惑人类。

不过，大家可不要被化猫的传说给吓到了，然后开始讨厌猫咪。现实生活中的猫可是会使劲卖萌，在这忙碌的生活、人际疏离的社会中，让人们的心灵得到治愈。或许每只猫真的都带着某种魔力吧！不然怎么能驱使那么多"猫奴"心甘情愿地为这可爱的生物付出一切呢？

▲“鵺”拥有猴头、狸身、虎的四肢、蛇的尾巴，是一种合成妖怪。它住在黑暗的乌云中，并会发出“咻、咻”的可怕叫声，叫声会在夜空里回荡。

FILE
03
Monsters of the World
鵺
与乌云一同现身！
（出现地点）日本京都府
危险度 ★★★★★
妖 力 ★★★★★
稀有度 ★★★★★

不祥的预兆！

这是平安时代即将结束时发生的故事。有一天晚上，东方森林里涌现乌云，覆盖了天皇的寝宫清凉殿。乌云每天出现，当中还传来“咻、咻”的恐怖叫声。对于这种不祥的事情，自天皇以下，包括当时的贵族们终日惶惶不安，认为天下将要发生什么可怕的灾祸。

这个怪异现象持续发生，就在某一天，天皇终于病倒了，药石罔效，就连祈福消灾的法事也毫无效果。乌云中似乎藏着来历不明的怪物。烦恼不已的贵族们想起了古时候的武将源义家鸣弓驱逐怪物的往事，考虑请勇武过人的武将担任警卫，于是便由当时知名的弓箭手源赖政担负起这项任务。事实上，源赖政正是曾击退骚扰平安京的酒吞童子、土蜘蛛等强大妖怪的源赖光的后代。据说，源赖政带着传承自源赖光、用山鸟尾巴做成的特别箭矢，与家臣猪早太一起静静地等待乌云的到来。

到了相同时刻，当乌云笼罩在清凉殿上方时，源赖政发现云中有一个奇异的生物正蠢蠢欲动，他立刻朝云里射出箭，上方传来猎物中箭的悲鸣。

“射中了？！”周围的人纷纷兴奋地惊叫道。

不久，从天上落下一个中箭的不知名怪物，它有着猴头、狸身、蛇

▲江户时代的鸟山石燕《今昔画图续百鬼》上描绘的鵺。

一般的长尾巴，还长着老虎的四肢。

因为源赖政消灭怪物有功，天皇特将名刀“狮子王”赐予他作为奖赏。

后来，这个怪物被称为“鵺”。原来，有一种夜晚在森林里鸣叫的鸟叫作虎鸫，因为其叫声听起来很吓人，所以被认为会招来厄运。而这个怪物的叫声很像虎鸫鸟，因此被命名为鵺。（在日本，“鵺”原本是虎鸫的通称。）

▲静静地伫立在京都府二条公园里的鵺大明神小庙。

然而，死去的鵺居然在城里引起瘟疫，造成了惨重的灾祸。因此，人们将鵺的尸体放入空舟，舟顺着京都的桂川流向大阪湾，最后在兵库县芦屋的海湾漂上岸。世人害怕鵺的尸体作祟，便造了一座“鵺冢”，诚心地把它下葬了。

小贴士 MEMO

在京都二条城附近的二条公园里，据传有一个流满了鵺血的鵺池，这里至今仍留存着祭祀“鵺大明神”的小庙。

除了兵库县芦屋，大阪都岛本通3-18号也有一座鵺冢，这个景点就位于大阪地下铁谷町线都岛站前的商店街附近。

（出现地点）日本各地
危险度 ★★★★★
妖 力 ★★★★★
稀有度 ★★★★★
FILE
04
Monsters of the World
雷兽
搭乘雷云降临的妖怪

传说中，在带来剧烈雷雨的雷云之上，乘坐着一种名为“雷兽”的妖怪。雷兽浑身长毛，长着尖锐的爪子，外形就像鼬鼠或浣熊等小动物。它们会在打雷的同时降落到地面，甚至可能在树干上留下深深的爪印。

▼被视为雷兽木乃伊的谜一样的遗体（收藏于岩手县花卷市的雄山寺）。

每到夏天，山上到处都会露出洞穴，雷兽便从洞穴里探出头来仔细地凝望天空。若是天气晴朗的白天，它便乖乖地待在洞里。一旦下起大雷雨，雷兽便乘着雷云飞上空中，发出滔天雷鸣。据说，冬天它们会掘土深眠，因此又有“千年鼹鼠”之称。

小贴士 MEMO

传说中的雷兽不仅有外形像鼹鼠或猫的，而且有像浑身长毛的蜘蛛的。虽然外形不一，但它们的共通点都是随着落雷一同出现。

从天空中落下的雷兽可能会受伤，也曾有被人类捕捉饲养的故事。

传说，江户时代的越后国（今日本新潟县）曾有雷兽与落雷一同现身，它身上的毛与灰猫相仿，因为不慎伤了脚而被人类捕获。

雷兽的传说在明治时代（1868—1912）以后也出现过，有一份明治四十二年（1909）声称捕获雷兽的记录。据传，此时的雷兽前脚长有蝙蝠般的飞膜，能够在空中飞翔。

▼变身成茶壶的狸猫暴露出原形。

从前，有个贫穷的男人救了一只误入陷阱的狸猫。为了报答男人的救命之恩，这只狸猫变身为茶壶，让男人把它卖了换取金钱。茶壶被寺庙里的和尚买下，但当和尚点火欲烧开水时，变成茶壶的狸猫耐不住高温，竟然露出了尾巴。暴露原形的狸猫逃出寺庙，以半狸猫半茶壶的外形哭着跑回男人身边。后来，狸猫利用自己可笑的外形，开始在展示奇珍异宝的小屋里卖艺，结果大受欢迎，得到了很多赏金。狸猫和男人便过着幸福的生活。

据说，这个故事的原型来自日本群马县馆林市的茂林寺。传说茂林寺里有一把可以源源不绝持续出水的茶壶。而“分福茶壶”之名的由来有几种说法，一种是“把福气分给大家”，还有一种是水壶中的水烧开沸腾时，会发出类似“福福福”的声音。

平安时代有一位名叫赖豪阿阇梨的高僧，当时很希望获得子嗣的白河天皇听闻他的名声，便拜托高僧："如果你能为我祈福，让我生下儿子，我愿意赐给你任何奖赏。"随后，在高僧一心一意的祈祷下，白河天皇果真喜获麟儿。

但是，事成之后，白河天皇对赖豪阿阇梨的愿望不闻不问，也不理会他们当初的约定。最后，心怀怨恨的赖豪阿阇梨留下他对天皇的诅咒"我要带着皇子前往魔界"，随即死去。

后来，事情果然如赖豪阿阇梨所言，年幼的皇子因病离世。然而赖豪阿阇梨的怨恨仍未消散。据说，不久后，他的怨念便化身为巨鼠，与大群老鼠一起啃咬、破坏寺庙里的佛经和佛像。

07
Monsters of the World
白泽
会为目击者带来好运
（出现地点）中国
危险度 ★★★★★
妖 力 ★★★★★
稀有度 ★★★★★

白泽是传说中的神兽，与中国神话中的“麒麟”“凤凰”属于同一类型，只要看见它的身影，就会发生好事或喜事。

▲江户时代的鸟山石燕《今昔百鬼拾遗》上的白泽画像。

白泽有着山羊和牛的躯体，容貌像人，身体和脸上共有九只眼睛。它通晓万事万物的道理，却不是每个人都有幸能见到它，白泽只会在德行崇高的君王面前现身。

根据传说记载，中国古代的黄帝到昆仑山出游时，曾经遇见白泽。白泽会说人类的语言，它对黄帝阐述了中国的一万一千五百二十种妖怪和鬼神，以及遇到这些妖怪、鬼神时的应对方法，这些内容都记录在一本名为《白泽图》的古书里。然而现在已经无法确定这本书是否存在，它成了一本梦幻天书。

小贴士 MEMO

也有人将“白泽”与吃掉噩梦的“貘”视为同一种生物，有时候白泽的画像会被冠以“貘”之名。

日本尊奉白泽为击退病魔的祥瑞之物，其画像能驱逐病魔，中药行一般都会悬挂白泽的画像。此外，也有人把白泽视为保佑旅途平安的守护神，将它的画像带在身边。据说，白泽和“貘”一样，都能吃掉人类的噩梦。

08
Monsters of the World
肯陶洛斯
半人半兽的莽汉
（出现地点）希腊
危险度 ★
妖 力 ★★★★
稀有度 ★★

肯陶洛斯是出现在希腊神话中的半人马族，他们的上半身是人类，下半身是马，喜爱美酒和美女，大多数都是莽汉。肯陶洛斯族虽与人类保持着友好的关系，并不作恶，但粗鲁无礼的性格让他们被列为喜宴的拒绝往来户。

小贴士 MEMO

喀戎也擅长射箭，是十二星座中射手座的原型。

曾有一次，同住在色萨利地区的拉庇泰族人邀请肯陶洛斯族人参加他们的结婚典礼。在婚礼进行的过程中，第一次畅饮葡萄酒的肯陶洛斯族人喝得酩酊大醉。其中一个半人马竟然试图非礼美丽的新娘，甚至抢走其他女性宾客，然后逃逸无踪。对此事极为气愤的拉庇泰族便向肯陶洛斯族宣战，最终以肯陶洛斯族的失败收场。

不提这种粗暴的事件，肯陶洛斯族人中也有聪明理性的人。有一个半人马的名字叫作“喀戎”，他不仅身负高超的狩猎技术，而且拥有高度的医学知识。据说，他还曾负责教育赫拉克勒斯和阿喀琉斯这两位希腊神话中的英雄。

▲《半人马和拉庇泰人之间的战斗》（皮耶罗·迪·科西莫，1490 年），画中显示了肯陶洛斯人在婚宴上鲁莽大闹的行为。

09
Monsters of the World
巴力西卜
强大邪恶的苍蝇王
（出现地点）欧洲
危险度 ★★★★★
妖 力 ★★★★★
稀有度 ★★★★★

巴力西卜拥有巨大的苍蝇外形，是率有数千只苍蝇的苍蝇王。它也被称为“粪便之王”，其邪恶与强大的力量仅次于地狱里的撒旦。

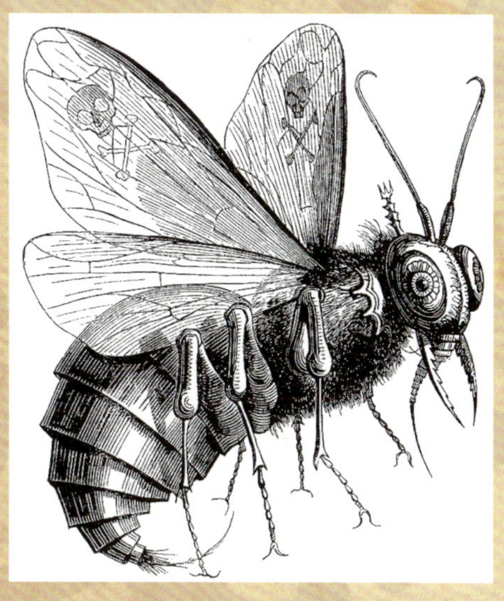

▼一本名为《地狱词典》的十九世纪读物中所绘的巴力西卜（路易 - 布勒东绘）。

然而，巴力西卜并非天生的恶魔。它原本是为大地带来恩赐的神，名为“巴力”，可是强大的力量在漫长的岁月中变质为恶魔之力。

有时候，巴力西卜会化身为人类。曾经有一位国王在和臣子谈论攸关国家命运的秘密时，飞来了一只苍蝇，国王对此大发雷霆，愤而割下了那只苍蝇的脚。

后来有一天，一名不良于行的男子忽然出现在敌国，将秘密会议的内容一五一十地告知了敌国。因为男子的告密，当初割下苍蝇脚的国王被敌国击溃，顷刻间便国破家亡。于是民间便有了这样的传言，说当初听见秘密的苍蝇就是巴力西卜，而告密的男子便是巴力西卜的化身。

传说在十六世纪，法国曾有一名少女被巴力西卜附身。如果在众多见证人的注视下驱魔，巴力西卜就会一一揭发这些见证人曾犯下的罪行。

不过，巴力西卜并非只会对人类作恶，它仍旧保留了部分神性，也会保护农作物不受苍蝇的危害。

10
Monsters of the World
刻耳柏洛斯
看守冥界入口的守门犬
（出现地点）希腊
危险度 ★★★★★
妖 力 ★★★★★
稀有度 ★★★★★

刻耳柏洛斯是希腊神话中的地狱看门犬，体形不同于凡犬，非常大。它拥有三个头，背上布满嗞嗞作响的蛇，还长有一条龙尾巴。

▲古希腊陶壶上绘制的英雄赫拉克勒斯与刻耳柏洛斯。

刻耳柏洛斯的任务是守在冥界入口处，防止生者误入地狱，并阻挡亡者逃离名为塔耳塔洛斯的地狱深渊。刻耳柏洛斯的三个头分别监视三个方向，几乎不用睡觉。它极度凶猛，一旦发现逃跑者，就会把对方连同灵魂一同撕裂。

小贴士 MEMO

事实上，刻耳柏洛斯很喜欢甜蜜的糖果和美妙的音乐，传说活人可以借由这些方式引开刻耳柏洛斯，闯入地狱之门。

据说，刻耳柏洛斯原本是希腊神话里的万妖之祖“堤丰”与半人半蛇的蛇女“厄喀德那”所生的孩子。

希腊神话中有个故事，述说英雄赫拉克勒斯奉迈锡尼国王之命前去擒拿刻耳柏洛斯。英雄徒手与怪物战斗，赫拉克勒斯用双手勒紧刻耳柏洛斯的脖子，即使被它背后的蛇咬伤也不放手。最后，刻耳柏洛斯屈服于赫拉克勒斯的神力，被带回地面。魔犬因为太过痛苦而流淌毒涎，使周围的草木都变成了含有剧毒的乌头草。

格里芬之名源于希腊文的“Gryps”，意思是“弯曲的鸟喙”。它是一种拥有鸟类的上半身和狮子的下半身的魔兽。全欧洲都知道它的存在。据说它起源于中东和印度，然而人们并不清楚格里芬的原型。

格里芬会用尖锐的鸟喙啄撕因觊觎黄金而来的贪婪的人类。另外，希腊人认为格里芬的工作是帮众神拉战车，因此，它们会将担负相同职责的马视为眼中钉。格里芬只要看到马，就会加以攻击，把它们吞食下肚。大家千万不要骑着马出现在格里芬的面前呀！

传说欧洲存在着一部《魔法书》（*Grimoire*），书里记录了魔法的秘密，例如如何施加咒语、召唤超自然灵体等。在《魔法书》中，《所罗门的小钥匙》（*Lemegeton*）一书记载了掌管恶魔和星座的精灵。这部书又分为五本，其中的《邪恶灵魂之书》（*Ars Goetia*）书写恶魔的部分，而"布耶尔"就是其中一个恶魔。

《邪恶灵魂之书》里记载了古代以色列的所罗门王率领的众恶魔的特质，以及操纵它们的施咒方法。根据这本书的内容，布耶尔统率着地狱里的五十个恶魔军团。

此外，它的狮头周围长着山羊脚，样貌非常怪异。它是一个非常聪明的恶魔，精通药学、哲学，据说能够给予人类各式各样实用的智慧。

13
Monsters of the World
米诺陶诺斯
牛头人身的凶暴怪物
（出现地点）希腊
危险度 ★★★★★
妖 力 ★★★★★
稀有度 ★★★★★

米诺陶诺斯是个凶恶的怪物，被封印在只能进无法出的迷宫深处。它拥有牛头人身，以少男少女为主食。

米诺陶诺斯的身世要从古希腊时代统治克里特岛的国王米诺斯讲起。米诺斯不愿归还向海神波塞冬借来的白色公牛，波塞冬愤而对米诺斯的妻子下诅咒，令她爱上这头白色公牛，从而产下了这个牛头人身的怪物。

▼传闻为迷宫原型的克诺索斯宫殿。

古雅典城邦每九年就会用船把少男少女载往克里特岛当作贡品献给国王，作为米诺陶诺斯的祭品。

小贴士 MEMO

据说，米诺斯建造的迷宫正是真实存在于克里特岛的克诺索斯宫殿。这么说，米诺陶诺斯也是真实存在的怪物吧？

有一次，一名勇敢的年轻人忒修斯为了打倒米诺陶诺斯，自愿成为米诺陶诺斯的祭品，并趁机潜入迷宫。忒修斯和米诺陶诺斯展开了一场生死决斗，最后忒修斯成功地打败了米诺陶诺斯。幸亏他事先得到了米诺斯之女阿里阿德涅的建议，把绒线团的线头绑在入口的门上，才能沿着线的方向平安地走出迷宫。

哈耳庇厄

腐臭肮脏、嗜吃的鸟妖

哈耳庇厄是一种妖怪鸟，从面部至胸部都是人类女性的模样，双手的部分长成翅膀，下半身为鸟类的肢体。它原为旋风精灵，因此能够以极快的速度破空飞翔。

哈耳庇厄拥有旺盛的食欲，一发现食物，便会迅疾地俯冲而下，粗暴地吃撒一地，离去时甚至会留下粪便，传说，哈耳庇厄身上总是散发着恶心的味道。它的指甲里长满了肮脏的霉菌，一般人只要沾上一点点，沾染的部位就会连同皮肤一起腐烂，染上疾病。这是一种非常不洁的妖怪，万一不小心靠近它，可能会沾染到它的粪便，请务必多加注意。

纳别奇

嗜血而徘徊不去的吸血鸟

传说在静谧的夜里，忽然传来鸟类拍动翅膀的“啪啪”声。仔细聆听，还会响起一阵“纳——布布”“纳——布布”的鸣叫声，仿佛婴儿的啼泣。这是保加利亚的妖怪“纳别奇”的叫声。

据说，尚未受洗礼即死去的孩子，其灵魂会幻化成纳别奇，有着乌鸦的身体和婴儿的脸蛋。它们除了会前来强迫母亲哺乳外，也会吸取牛、羊等家畜以及孕妇的血液，是一种吸血鸟。被纳别奇吸过血的人或动物，随后便会死于原因不明的疾病。纳别奇是死神之一，为人们所恐惧。

阿波狸合战

狸猫妖怪的战争！

自古以来，人们就知道狸猫的妖力可以让它们变身为人类。日本四国地区的狸猫传说尤其盛行，据说，因为狸猫的数量太多了，这里连一只狐狸也找不到。（日本民间传说中，狸猫与狐狸关系不好。）德岛县小松岛市就流传着一个关于由狸猫们发动的惊天动地的战争的传说。

这是发生在江户时代早期阿波国（现德岛县）的故事。在一家名为大和屋的染布坊的仓库旁，有一个很大的洞穴，里面住着一只大狸猫。

店里有许多员工提议："不如朝洞里灌热水，煮一锅狸猫汤吧！"

但是，其中一个名叫茂右卫门的年轻人反对："我们不能杀害无罪的动物。"他还每天为洞里的狸猫带来食物。

于是，不可思议的事情发生了，染布订单不断涌入大和屋，店里的生意非常兴隆。茂右卫门认为这都要归功于洞穴里的狸猫，所以每天都会送好吃

▶以阿波狸合战为蓝本的插画

的食物到洞里去。

有一天，洞穴里的狸猫附身到人身上登门道谢，并自称“金长”。为了报答茂右卫门一直以来对它的恩惠，它愿意世世代代守护大和屋。

茂右卫门听了狸猫的一席话，便替金长盖了一座小庙供奉它。金长为了答谢茂右卫门盖庙的恩情，就考虑从狸猫的统帅那里取得独当一面的称号，名正言顺地治理该区，维持地方的和平。

事实上，想要成为一只受到大家认同、独当一面的狸猫，必须到狸猫统帅六右卫门的座下修行。于是金长便前往六右卫门的门下展开修行，它进步神速，很快便有了惊人的成果。

“这家伙是一只天赋异禀的狸猫呀！跟我的女儿很般配。”

六右卫门对金长的能力很是赞赏，舍不得就这样放金长回到大和屋去。可是，金长态度坚定地拒绝了六右卫门的提议。

六右卫门对金长的自负感到相当不满，某天便召唤家臣夜袭金

▶位于德岛县小松岛市“狸猫广场”上的巨大的金长狸猫雕像。

两军都死伤惨重。

最后，金长攻入穴观音（六右卫门的居城），紧咬住六右卫门的喉咙，取下了它的首级。然而，获得胜利的金长也身受重伤，与生还的同伴回到森林里后，便咽下了最后一口气。

德岛县至今仍留着一座祠堂，祭拜包含金长和六右卫门在内的当时参与阿波狸合战的知名狸猫。

◀德岛县小松岛市祭拜金长狸猫的金长神社。

强大的妖怪

第2章

传说它们体形巨大如山，并且拥有强大、可怕的妖力，人类完全敌不过这些强大的妖怪。

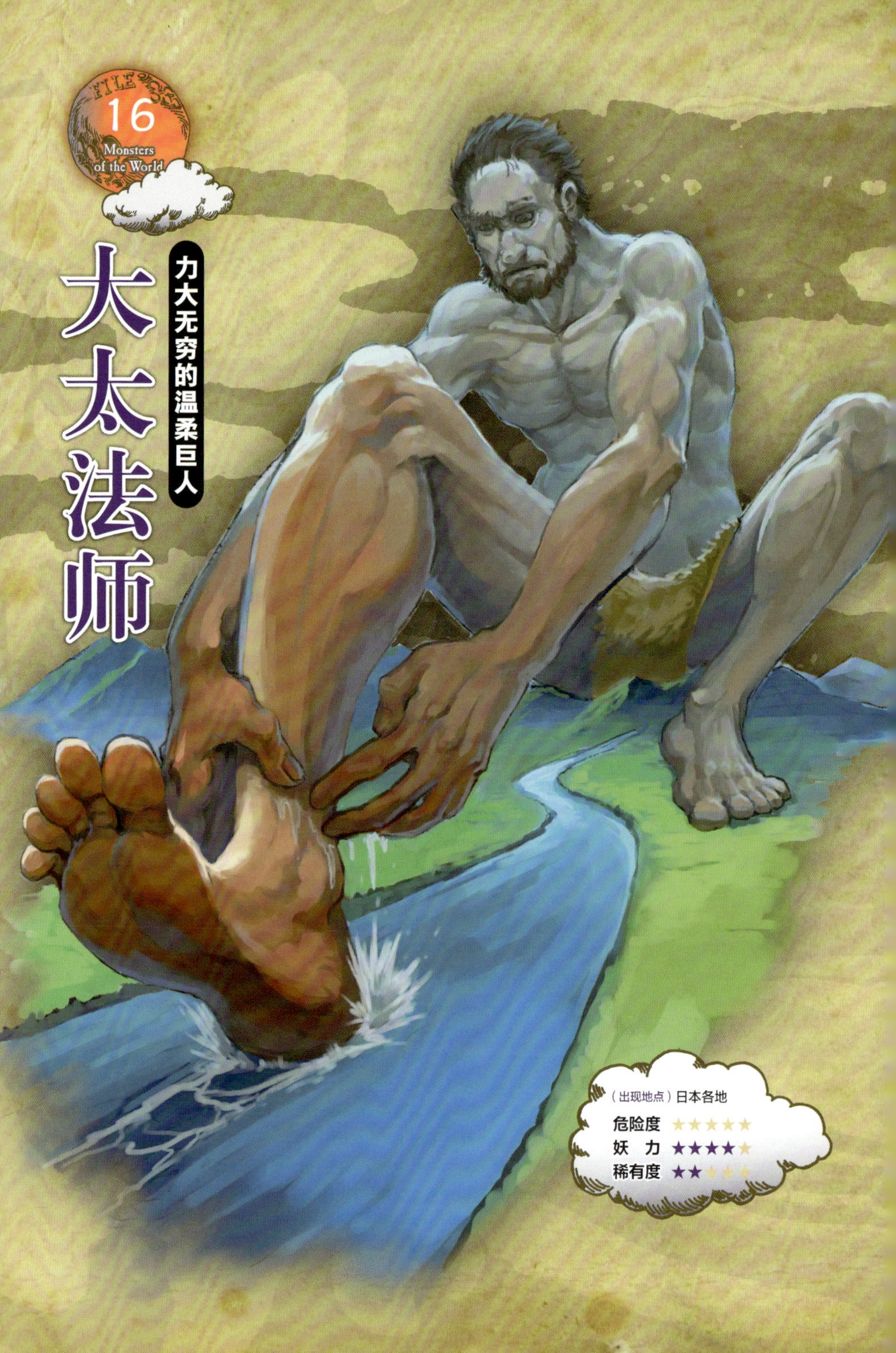
FILE
16
Monsters of the World
大太法师
力大无穷的温柔巨人
（出现地点）日本各地
危险度 ★★★★★
妖 力 ★★★★★
稀有度 ★★★★★

大太法师是流传在日本各地的巨人妖怪，也有“大太郎法师”“踏鞴法师”等别名。在日本各地的许多传说中，大太法师会造山，他不小心跌倒时，手脚弄出来的痕迹会形成湖泊或池塘。据说，连富士山也是大太法师堆土而造的。

▼茨城县大串贝冢旁的大太法师像。

大太法师为了堆出富士山，从滋贺县搬来土壤，当时掘土产生的大洞就成了琵琶湖。此外，据传，像“代田”“太田洼”等地名，代表当地的地形是大太法师踩出脚印造成的。

自古以来，各地便流传着像大太法师一样的巨人传说，内容主要是述说巨人的巨大身形，以及他们对地形的影响。巨人的存在似乎不会危害到人类，我们目前还不曾听说有被巨人的脚踩扁的人。

长崎县南岛原市流传的关于“味噌五郎”的巨人传说便描述了巨人与人类之间和平共处的故事。在一个狂风暴雨的日子里，味噌五郎奋不顾身地将被大浪卷走的渔船拖回渔港里来，使人们对他的善行满怀感激。直到今日，南岛原市每年还会举办“味噌五郎祭典”。

▲传说土蜘蛛会操纵子蜘蛛作为自己的喽啰，活生生吃掉人类或者人类的尸体，以此为生。它的肚子里塞满了这些被吃掉的人的骷髅头。

FILE
17
Monsters of the World
土蜘蛛
攻击人类的蜘蛛怪！
（出现地点）日本京都府
危险度 ★★★★★
妖 力 ★★★★★
稀有度 ★★★★★

肚子里塞满了头颅！

活跃于一千二百年前平安时代的武将源赖光是当时知名的降妖专家。据说在他击败的妖怪中，以“酒吞童子”和“土蜘蛛”最为著名，它们都是非常强大、恐怖的妖怪。

话说有一天，源赖光和部下渡边纲因故前往位于京都北边的莲台野。当时，人们死后，尸体就会被弃置于莲台野，暴尸荒野。因此，莲台野是一个非常寂静可怕的地方。

源赖光和部下在那里看见骷髅头漫天飞舞的景象，心中惊诧不已，便朝骷髅头的方向追去，最后来到了一栋破烂荒废的老房子里。房子里住着一名老妇人，她向源赖光诉说：“我在这里已经活了九十年，朋友们全都死于妖怪手里。”

源赖光直觉感到这里潜伏着可怕的魔物。在他们对话时，天色暗了下来，黑暗中出现了各种数不清的怪物攻击他们，源赖光等人就在打杀怪物中度过了漫漫长夜。就在夜尽天明时，出现了一名美女。美女施展障眼法，待源赖光冲破障眼法的瞬间，女子迅速消失，地上只留下血一般的痕迹。

源赖光等人循着血迹追踪妖怪，来到深山的一个洞穴里。洞穴里有一只巨大的蜘蛛妖怪，其双眼熠熠发光。源赖光将妖怪从洞穴里拖出来，

▲传说中土蜘蛛居住的葛城山（位于奈良县）。

▲土蜘蛛的肚子里掉出为数众多的骷髅头。（图为 14 世纪《土蜘蛛草纸》）

最后扭断了它的脖子。据说，蜘蛛的肚子里有一千九百九十个骷髅头，并且有大量子蜘蛛倾巢而出。

事实上，这只土蜘蛛的原型要追溯到比平安时代更久远的神武天皇时代的蛮族。该蛮族住在现今奈良县和大阪府交界处一个靠近葛城山的岩穴里，他们身形矮小，却长着不对称的长手长脚，被蔑称为土蜘蛛。这个土蜘蛛族不愿归顺朝廷，最终被神武天皇灭族。源赖光遇上的怪物，应该是死去的土蜘蛛族累积怨念后形成的妖怪吧！

小贴士 MEMO

源赖光的四名家臣分别名为渡边纲、坂田金时、卜部季武和碓井贞光，他们被尊称为“四天王”，据传此四人极为勇猛。其中的坂田金时正是日本传说《金太郎》的原型。

▶在众多妖怪中，『龙』是最接近神明的生物。它力大无穷，握在手中的宝玉能实现所有愿望。

FILE
18
Monsters of the World
龙
掌管雨水的吉祥神兽
（出现地点）中国
危险度 ★★★★★
妖 力 ★★★★★
稀有度 ★★★★★

传说中能带来祥瑞的神兽

中国传说中的“龙”是一种能在天空中自在翱翔，昂首鸣啸便能呼风唤雨的神兽。它的头像骆驼，长着一对鹿角，双眼如兔，躯体似蛇，身上布满鲤鱼鳞片，还有两对鹰爪。每到春天，龙就会从水中飞上天际，引起轰轰雷鸣并降下甘霖；到了秋天则再次潜入深不可测的水底，沉沉入睡。

▲在迎春祭典中，龙是不可或缺的吉祥物。

中国人认为龙是一种伟大的生物，不会危害人间，它强大的力量能够为大地带来恩赐。因此，龙便成了中国皇帝的象征。

中国民间会在农历二月初二举行“龙抬头”的庆典，这天是“龙抬起头的日子”，表示春天来临，万物复苏，龙将开始活动。这个庆典的起源来自以下传说。

很久很久以前，地上的人类只会你争我夺。对此乱象感到失望的玉帝就命令龙在三年内不准降雨，以惩罚人类。然而，怜悯人类的龙却违抗了玉帝的命令，私自降下雨水。龙的抗旨使得玉帝勃然大怒，他将龙打入凡间，囚禁在山里。若龙想要重返天宫，唯有“金豆花开时”。虽

▲《古代中国百科事典》上描绘的一条龙。

然人们想救出龙，却没有人知道金豆是何物。

有一天，一个消息传来，一个商人在卖金豆，原来金豆指的就是玉米。只要把玉米拿来爆炒，玉米粒就会像花朵一样绽放开来。“原来这就是金豆花呀！”人们把爆开的玉米拿到山里去，龙终于从山里脱身而出，它抬起头向天空飞升而去。

像龙这种掌管雨水的神兽可不是中国独有的，日本和其他亚洲国家也有许多类似的神龙传说。欧洲国家则流传着一种名为“喷火龙”的巨大怪物，虽然其外形类似中国的龙，兼具了蜥蜴和蛇的特征，其形象却偏向邪恶。

▲西方的喷火龙多半长着一双翅膀。（图为 J.Allen St.John1905 年的作品）

小贴士 MEMO

龙的下巴上长了一片倒竖的鳞片，称为“逆鳞”，不小心碰触了逆鳞的人就会被龙咬死。

喷火龙的性格与中国龙大不相同。中国龙为人们所敬仰，而喷火龙多半被描绘为可怕的怪物，个性凶暴，拥有强大的力量，还会吐出火焰及毒气，为人们所畏惧。

最为人所知的喷火龙形象便是童话故事中看守城堡内的公主的恶龙。不过，喷火龙当中也有智商较高者，它们被视为力量的象征，用于皇家徽章上的图像。

FILE
19
Monsters of the World
九头蛇
拥有九个头的剧毒大蛇
（出现地点）希腊
危险度 ★★★★★
妖 力 ★★☆☆☆
稀有度 ★★★★☆

▼塞巴尔德·贝汉姆的画中显示大力士赫拉克勒斯（左）正与九头蛇搏斗（1545年）。

九头蛇是一种巨蛇怪物，顾名思义，它拥有九个头，全身充满剧毒。它的任一个头一旦被切断，就会再长出两个以上的新头，中间的蛇头甚至是不死之头。九头蛇经常吐出毒气，因此，它居住的沼泽周围寸草不生。

古希腊神话中的大力士英雄赫拉克勒斯曾经挑战过九头蛇，并且击败了它。下面就来看看赫拉克勒斯的作战过程。

小贴士 MEMO

人马族的喀戎拥有不死之身，却被浸泡过九头蛇毒血的毒箭射中了。痛苦难耐之下，他宁愿与普罗米修斯交换，只求一死，以获得解脱。

首先，赫拉克勒斯朝九头蛇的住处射出火焰箭矢，将九头蛇引到自己身边，然后将蛇头一个个砍下。他身旁的侄子伊俄拉俄斯负责用火炬烧灼断头的切口，如此一来便能抑制蛇头再生，终于只剩下最后一个头。赫拉克勒斯一刀砍下最后的蛇头，并立即将蛇头压在大石底下，彻底歼灭蛇怪。

由于九头蛇的血液中饱含剧毒，赫拉克勒斯便把自己的箭矢浸泡在九头蛇的毒血里制成毒箭。虽然赫拉克勒斯除掉了毒蛇，他的命运却似乎摆脱不了剧毒。后来他因误穿染有半人马毒血的袍子，精彩的人生就此画下句点。

FILE
20
Monsters of the World
基克洛普斯
被囚禁在地狱中的独眼巨人
（出现地点）希腊
危险度 ★★★★★
妖 力 ★★★★★
稀有度 ★★★★★

基克洛普斯指希腊神话中的独眼巨人，他们是天空之神乌拉诺斯和大地女神盖亚的孩子。独眼巨人共有三兄弟，分别是阿尔格斯（霹雳）、史特罗佩斯（电）、布隆特斯（雷）。由于外表丑陋，不讨生父乌拉诺斯的喜爱，他们被封印在地狱最底层的塔耳塔洛斯。与此同时，乌拉诺斯也以外貌丑陋为由，将拥有五十个头和一百只手的“凯恩蒂马尼”（百臂巨人）以及巨人族的“癸干忒斯”一起禁闭于塔耳塔洛斯里。

▼神话中描绘的基克洛普斯（Erasmus Francisci，1680）。

古希腊神话中的众神之王宙斯和古代神族泰坦作战时，将这些巨人从塔耳塔洛斯中解放了出来。基克洛普斯为了答谢宙斯，便为宙斯制作了武器与防御工具。他们送给宙斯“闪电火”（强烈的雷霆之火），送给海神波塞冬“三叉戟”，送给冥界之神哈迪斯一顶戴上后就能隐身的“黑暗头盔”。

基克洛普斯基本上不与人类为敌，然而其凶残的个性却可能驱使他们攻击旅人并吃下肚。虽然他们拥有强大的怪力，脑袋却不太聪明，只要攻击他们的眼睛或设下陷阱，即便是弱小的人类也能打倒他们。

戈尔贡

让人立即石化的邪恶目光！

（出现地点）希腊

危险度 ★★★★★

妖　力 ★★★★★

稀有度 ★★★★★

在古希腊语中，“戈尔贡”意为“可怕的事物”。戈尔贡一共有三姐妹，是古希腊神祇福耳库斯和巨大的海怪刻托所生的孩子。戈尔贡顶着一头长满无数毒蛇的长发，只要看她们的容貌一眼，无论是谁都会立刻石化。

▼古罗马时代制作的美杜莎浮雕，用于驱魔。（利比亚的莱普蒂斯古城遗址）

无数的志愿者出发征讨戈尔贡，却无人生还。后来，宙斯与人类生下的半神英雄珀尔修斯受命取下戈尔贡三姊妹之一的美杜莎的首级，于是出发前往戈尔贡居住的世界尽头。

小贴士 MEMO

戈尔贡的头颅即使被砍下，其魔力依旧毫无减损。只要对上女妖的目光，便会立刻石化。

珀尔修斯抵达戈尔贡的巢穴，适逢怪物们的休息时间。为了避开戈尔贡的目光，珀尔修斯利用青铜盾上反射出来的影像悄悄地接近女妖，成功地砍下了美杜莎的头颅。然而，就在这一瞬间，美杜莎被砍断的切口处却发出凄厉的尖叫声，惊醒了她的两个姐妹。此时，珀尔修斯戴上赫尔墨斯转借给他的“隐身头盔”隐藏身形，脚上踩着飞行鞋全身而退。

FILE
22
Monsters of the World
巴哈姆特
支撑大地的巨大怪兽
（出现地点）中东
危险度 ★★★★★
妖 力 ★★★★★
稀有度 ★★★★★

巴哈姆特是流传于阿拉伯世界的巨大魔鱼，人们认为这个世界是由它支撑着。某些传说指出它的脸长得像河马或犀牛，身体像鱼。大海在巴哈姆特的鼻孔里也仅仅是沧海一粟。

▼贝希摩斯。也被称为贪婪的恶魔。（《地狱词典》插图，1863）

巴哈姆特的下方是无尽的海洋、空气缝隙以及熊熊大火。它的背上则有一头巨牛，巨牛背着一座山，山上的天使头上有六层地狱。

巴哈姆特周边总是围绕着炫目的光芒，因此，人们无法看见它。不过，传说中曾有一个人目击过巴哈姆特，这个人就是耶稣基督。

据阿拉伯世界的民间传说《一千零一夜》所述，耶稣在进行传教之旅的某一天，看见了以极快的速度路过的巴哈姆特。它那巨大无比的体形震撼了耶稣，使耶稣当场晕倒，直到三天后才苏醒。而此时，巴哈姆特的身体尚未完全通过呢！

据说，巴哈姆特的原型来自犹太神话中的怪物“贝希摩斯”。当世界末日来临时，贝希摩斯会和海怪利维坦展开命中注定的生死之战，而存活下来的一方将成为死里逃生的人的牲祭。

FILE
23
Monsters of the World
戈仑
被赋予生命的泥偶
（出现地点）捷克
危险度 ★★★★★
妖 力 ★★★★★
稀有度 ★★★★★

据说，从前，犹太教的神职者“拉比”善于使用各种术法，其中包含一种名为“戈仑”的秘术。这种秘术是朝巨大的泥偶像吹入生气，随心所欲地操控、驱使它们。

▼据说这里的屋顶上藏有戈仑之土。

传说在公元十六世纪，居住在捷克布拉格的拉比勒夫为了帮助人们，创造了魔像戈仑。他从伏尔塔瓦河搬来泥土，捏塑人偶，再唱诵咒语，并让泥偶的口中含着写有神明名号的纸条。很快，这些泥块便有了生命，变成了会忠实地执行主人的命令的魔像戈仑。

小贴士 MEMO

据说，拉比勒夫当初用来创造戈仑的泥土至今依然保存在布拉格的犹太教堂“老新犹太会堂”的屋顶上。

要操纵戈仑，必须遵守一个条件：禁止在犹太教的安息日驱动它们。拉比勒夫总会在安息日的前一天将戈仑恢复成泥偶的状态，但是，有一次，他不小心忘记了这件事，直接外出了。

无人控制的戈仑遂变成了凶恶的怪物，在街上到处作乱。接到市民的通知后慌忙赶来的拉比将戈仑口中的纸条取出，于是戈仑碎裂成粉末，恢复到原始的泥土状态。

FILE 24 Monsters of the World

刑天

挥舞大斧的无头巨人

▶中国古代的刑天是一种战斗型妖怪，没有耳朵，只懂得一味攻击。

（出现地点）中国

危险度 ★★★★☆

妖　力 ★★☆☆☆

稀有度 ★★☆☆☆

刑天是中国传说中一个身形奇异的无头巨人。很久以前，刑天曾和黄帝争夺神位。经过一番激烈的战斗，黄帝持宝剑砍下了刑天的头颅。刑天掉落的头颅便被埋在发生大战的所在地，也就是常羊山的地底下。

▼脸长在躯体上的无头巨人族“Acephalos”（《纽伦堡编年史》插图）。

然而，刑天的生命力与执念实在令人惊骇，被砍断头颅、仅余身体的刑天竟然没有死去，依然顽强地活着。他的乳头处长出眼睛，肚脐上长出一张大嘴，躯体逐渐形成一张脸。于是，刑天变成了一个誓死向黄帝复仇，挥舞着大斧和盾牌到处肆虐的怪物。

古希腊和古埃及也有这种脸长在躯体上的无头巨人的传说，他们被称为“无头人”（Blemmyae或Acephalos），居住在亚洲和非洲的广袤土地上。

一般认为，因死刑或意外事故而抱憾死去的人会转变成这种形态的怪物，这是一种为害人类的邪恶存在。不过，传说中住在埃及的无头人身形高达三米，全身散发出金色光芒，是当地人心目中的宇宙之神。

第3章
人形妖怪
人形妖怪的原型是人类吗，
还是由黑暗所滋生？
以人类姿态现身的妖怪究竟有何目的？

（出现地点）日本各地
危险度 ★★★★★
妖 力 ★★★★★
稀有度 ★★★★★
FILE
25
Monsters of the World
见越入道
越看他的体形就变得越大

见越入道又被称为“通路魔”“长颈男”，日本全国都流传着各种与他相关的传说。黄昏时分或走夜路时，突然出现了一个和尚模样的妖怪，行人每盯他一眼，他的身体便会高大一次。当行人盯着他看时，两人的体形差距就会不知不觉越变越大，最后娇小的行人被高大的见越入道咬断喉咙而死。

▼辘轳首（左）和变装为人的见越入道（右）。（十返舍一九著画《信有奇怪会》插图）

万一不幸碰上见越入道，最好低头看着自己的脚下，或者唱诵：“见越入道，我已见越！”

据说，有时见越入道出现的方式是在行人头上摇晃竹叶，发出沙沙的声响。此时如果一语不发地走过，竹子便会砸到行人身上，置人于死地。因此，一旦你听见竹叶的声音，嘴里要立刻念出：“见越入道，我看穿了！”

江户时代画本上描绘的见越入道拥有长长的脖子，其样貌正是辘轳首的男性版。

小贴士 MEMO

在江户时代的画本上，有些图片是见越入道和辘轳首成对出现，见越入道扭转自己的长脖子，戴上面具，变装为人类。

FILE
26
Monsters of the World
独眼小僧
拥有大而灵动的单眼
（出现地点）日本关东地区
危险度 ★★★★★
妖 力 ★★★★★
稀有度 ★★★★★

独眼小僧顾名思义，是一种只有单眼的妖怪。

传说，如果你不小心走进深山中杳无人迹的荒凉寺庙里，出现了一个小沙弥倒茶招待你，绝对不要喝下那杯茶，因为那是马尿。

当你警醒过来看看小沙弥的脸，就会看到他脸上正中央有一只骨碌碌转动的大眼睛。独眼小僧最喜欢恶作剧，心里总想戏弄人类。虽然独眼小僧对人无害，却经常做这类恼人的小恶作剧。

▲也有大叔造型的“独眼和尚”。（鸟山石燕《画图百鬼夜行》中青坊主）

小贴士 MEMO

独眼小僧之所以会做出小沙弥的打扮，据传是模仿比睿山的单眼单脚妖怪“一眼一足法师”。

在冈山县的传说中，独眼小僧会忽然出现在夜路上，对着吓得脚软的行人伸出长长的舌头，舔舐人们的脸。

曾经有个故事讲述，有个独眼小僧跑到某个武士的家里，将挂在和室的卷轴一下子卷起、一下子拉开，令人不胜其扰。

在关东地区，农历十二月八日和二月八日分别被认为是“事终之日”和“事始之日”，据说也是妖魔活跃的日子，各种妖怪都会跑出来闹腾。传说这两天，独眼小僧会下山。独眼小僧讨厌长有许多“眼睛”的东西，因此，建议在这两天把竹篓挂在竹竿上，事先立在家门前，这样就可以避开独眼小僧的骚扰了！

从前，在京都的七条河原这个地方，传说有妖怪出没。一名住在附近的年轻人前往试胆。年轻人到达现场后，冷不防出现了一个化身为老人的妖怪。它的身高高达八丈（约2.4米），脸部的双眼失明，但双手手掌中间各有一只骨碌碌转动的眼睛。妖怪一看到年轻人，便立刻以疾速追赶。

心生恐惧的年轻人吓得跑到附近的寺庙，借躲在寺庙的大箱子里。寺庙里的僧人因为这可怕的情景而纷纷逃走回避，等到妖怪离开以后才返回寺庙。僧人们担心躲藏的年轻人，便朝箱子里一看，竟发现里面的年轻人已经尸骨无存，仅剩一层皮肤。

有此一说：盲人被坏人杀死以后，心中的怨念便妖化成了手之目。

无可奈何

两个头共享一副身体

▶两位名医无可和奈何的比赛结果让他们成了这种相貌奇特的妖怪。

在民间传说中有这么一个故事，某个不知名的地方有两个名医，分别叫作“无可”与“奈何”。有一天，两人决定比试看看谁才是日本第一名医。

第一轮比试中，他们互相砍断对方的手腕，再将手腕接回去。两人都有着高超的医术，因此分不出高下。

第二轮比试中，他们改成依序砍掉对方的头再接回去，这次两人又是平手。于是，他们协议同时砍下对方的头，比赛谁的接头手术快。可是，双方同时失去头颅，就没有人能帮对方把头接回去了。最后，两位名医就这样死去了，而他们心有不甘的怨念让他们化为两个头颅共享一个身躯的妖怪。

▶雪女冰冷的气息会将一切冻结。运气好的话，或许能避开她的目光吧？

FILE
29
Monsters of the World
雪女
美丽而可怕的冰冷女妖
（出现地点）日本东京都
危险度 ★★★★★
妖 力 ★★★★★
稀有度 ★★★★★

在暴风雪之夜现身！

传说，在一个暴风雪肆虐的夜里，一名老人和一名年轻的樵夫待在河畔的小屋里过夜。寒风刺骨的深夜，年轻人突然感受到一股冰冷的气息。他睁开双眼，发现小屋里不知何时出现了一位无比美丽的女子。女子身穿纯白和服，一靠近老人，便“呼”地吹出白烟似的冰冷气息。

▲江户时代的《画图百鬼夜行》中描绘的雪女。

此情此景吓得年轻人不敢动弹。这时，女子靠近浑身发抖的年轻人，开口道：“你还年轻，所以这次我就放过你。不过，如果你向别人泄露此事，我就会杀了你。”

说完后，女子随即消失无踪。隔天早上，那名老人便冻死了。后来，又过了一年，在某个寒冬的夜晚，一名肌肤如雪的美貌女子来到年轻人的家里，双方一见钟情，很快便订下婚约。

女子嫁给年轻人为妻，生了男男女女共十个孩子。据说，孩子们都拥有雪白的肌肤，长得非常漂亮。一家人和乐融融地度过了一段幸福的日子。某天，年轻人忽然想起暴风雪之夜曾经遇见雪女的往事，便开口向妻子诉说。他一开口，妻子就脸色大变，用可怕的表情怒瞪着丈夫说道：“那个雪女就是我。当初我明明告诉过你，不准对任何人提起这件事。要不是我们已经有了孩子，现在我就会杀了你。无论如何，请你代替我照顾孩子们。”说完这些话，女子便慢慢化为白雾，消失无踪。

▲据说曾有雪女在东京都青梅市的河原现身。

小贴士 MEMO

明治时代的作家小泉八云在《怪谈》一书中写下了知名的“雪女”的故事，据说是取材自现在东京都青梅市一带流传的民间故事。

经常下雪的地方流传着许多在下雪的日子里出现的雪女的传说。青森县的雪女与请求路人抱婴儿的产女拥有相同的特质。

还有一个故事讲述，有个美女来到一个男子的住处，并成为他的新娘。但是这个美女不喜欢洗澡，勉强她洗澡后，在她最后出现的地方只留下了碎冰，人已消失无踪。或许雪女的真身是白雪或冰柱的精灵吧！

▲白粉婆婆来到人类的城镇找酒喝。（鸟山石燕《今昔百鬼拾遗》）

在下雪之日出现的女妖大多是美丽的雪女，但也有例外。雪夜里拿着酒瓶出现的“白粉婆婆”，整张脸涂满了厚厚的白粉，是个难看的老太婆。

FILE
30
Monsters of the World
辘轳首
入夜后出现的长颈妖怪
（出现地点）日本
危险度 ★★★★★
妖 力 ★★★★★
稀有度 ★★★★★

传说辘轳首这种妖怪白天外形与常人无异，然而一到夜晚，它的脖子就会伸长数十米。夜里，辘轳首会潜入人们家中津津有味地舔舐夜灯里的油，或者用长长的脖子缠绕住熟睡的人加以绞杀。

▼江户时代画本中的辘轳首。

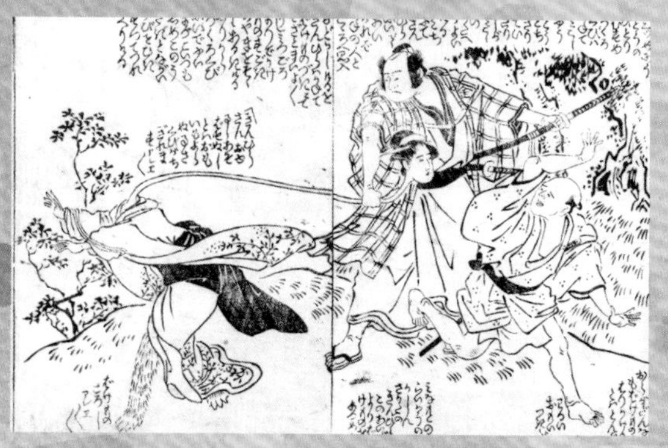

除了辘轳首这种身体与头连在一起，脖子如橡皮般可以伸缩自如的妖怪，还有一种睡觉时头会与身体完全分离，只有头颅到处飞翔的“落头氏”。落头氏会攻击走在夜路上的行人，吸取他们的鲜血。

小贴士 MEMO

从前，有三个平日老是吵架的武士。在一次酒后争吵过后，他们砍断了对方的头，之后化为怨灵，变成一种叫作“舞首”的妖怪。尽管他们变成了舞首这种妖怪，彼此依然咒骂不休。

如果在落头氏的头与身体分离时，偷偷地把它们的身体藏起来，它们就会因为无法与身体合而为一而灭亡。

此外，传说“落头”是人熟睡后灵魂出窍变成了头的样貌，古时候，人们认为这是一种罕见的疾病，主要患者都是女性。

中国的传说里有一种与落头氏一样的妖怪，名为“飞头蛮”。飞头蛮住在南方，每到夜晚入睡后，头都会与身体分离，到处飞来飞去。这些头以耳为翅，以虫为食，天亮便飞回家里，驳回脖子上的原位，恢复人类的模样。

（出现地点）罗马尼亚
危险度 ★★★★★
妖 力 ★★★★★
稀有度 ★★★★★
FILE
31
Monsters of the World
狼人
在月圆之夜变身！

传说，月圆之夜，明亮的月光照亮大地，一个普通的男人身上发生了变异。他的脸和手乃至于全身都长出了又粗又硬的毛。虽然他想出声，喉咙却仿佛被掐住般痛苦。最后，他终于发出宛如狼嚎的长鸣。

▼古罗马时代绘有狼人图样的水壶。

“狼人”这种怪物的出没范围以东欧为中心。一旦变身为狼人，就会忘记自己曾经身为人类的事实，进而攻击人类与家畜，或者挖开新坟，津津有味地吃起尸体。

男人在变身为狼人期间拥有不死之身，他身上的毛皮能回弹任何武器的攻击，只有纯银十字架熔化后铸成的子弹才能贯穿狼人的毛皮。

当月亮西沉时，狼人就会变回人类，并且完全遗忘变身为狼人的经历。因此，人们很难揪出狼人。

我们并不清楚为何会出现这种半人半兽怪物的传说。根据古希腊学者希罗多德所著的《历史》一书，公元前六世纪，居住在东欧的涅洛伊人（Neuri）每年都有一次机会变身为狼。传说中的狼人或许是他们的后裔吧！

阿散蒂

穷追不舍的上下颠倒人

传说阿散蒂是一种出现在非洲中部的怪人，他的双手双脚位置颠倒，头部也呈现上下相反的方向。一到了夜晚，阿散蒂就会在人类住家附近现身，并发出“咻——咻——”的诡异声音，吸引人类注意。

接下来，阿散蒂会把被吸引来的人定住不动，并向人提出三个问题。对于阿散蒂提出的一切问题，都必须回答出相反的答案才行，但这些问题都很简单。万一不小心回答出正确答案，这个人的手脚就会当场被阿散蒂上下调换位置，并且夺走灵魂。

萨西佩雷雷

头戴红帽的单脚精灵

传说萨西佩雷雷是居住在巴西南部的单脚小男孩。他的皮肤黝黑，头上戴的红色魔法帽子让他可以随意隐形、现身，嘴边叼着烟斗，搭乘旋风，蹦蹦跳跳，步伐轻快。

萨西佩雷雷喜欢恶作剧，他们会在夜晚敲响人类的家门，要求人类帮他们点火，或将小孩的玩具藏起来，或者把好几头牛的尾巴互相打结，但几乎没有加害人类的例子。据说他们会在好事发生前或看似要发生坏事时，偷偷地从树上对人类提出预告。

萨西佩雷雷被视为妖精的一种，他们的角色类似日本的座敷童子。

人魚
建木の西に
あり人面にて
魚身足なし胸
より上ハ人にして

第4章 居住在水中的妖怪

在阴暗冰冷的水底，
潜藏着许多诡异的身影。
那个我们人类未知的水中魔境，
究竟是怎样的世界？

▶河童的皮肤和外壳与河水的颜色融为一体，头顶的圆盘能贮存水分，一旦水分干涸，便使不出力气来。

FILE 34
Monsters of the World
河童
出没在日本各地
（出现地点）日本各地
危险度 ★★★★★
妖 力 ★★★★★
稀有度 ★★★★★

喜欢恶作剧的友善妖怪

传说中“河童”是一种出现在日本全国各大河川、沼泽等水中的妖怪，它们有许多名字，例如令人立刻联想到河川的“河小僧”“河太郎”等。除此之外，也有人叫它们“水妖”“小弟”“小便大爷”等奇怪的名字。

传说河童会躲在水里趁机把人或马拉下水。不过它们大多敌不过马的蛮力，被人发现并捉住以后，便向人道歉，说自己不会再犯，随即回家去。不过，据说有时候还是有人类不敌河童的力气而被拉入水中溺毙，因此务必当心。

传说小黄瓜是河童最爱吃的食物之一，日本各地都有献供新鲜小黄瓜给河童以避免水难的习俗，有些地区则用茄子代替小黄瓜。

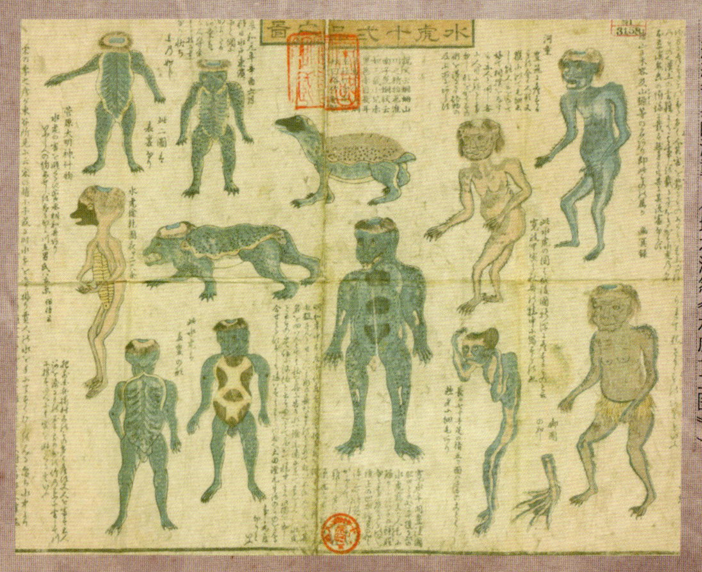

◀形态各异的河童。（坂本浩然《水虎十二图》）

河童喜欢玩摔跤，只要遇到人类，就非常想与对方摔跤。如果答应和它们玩，接下来就会冒出一批又一批的河童等着和人玩摔跤，让人大喊吃不消。由于河童的两只手是相通互补的，与河童摔跤时，万一不小心拉住河童的一只手腕，被拉住的那只手会一直往前伸长，而另一只手便会等比缩短，一不留神就会让它们溜走。

小贴士 MEMO

传说河童的身体有点儿像人类小孩，基本上披覆着如龟壳般的绿色外壳，嘴巴如鸟喙，手脚长蹼，头上顶着圆盘。也有全身长满红毛，像猴子一样的河童。

▲岩手县远野市常坚寺的河童狛犬。

在传说中，河童有时候也会伤害人类，但基本上只是喜欢恶作剧的友善妖怪。一旦人类救了河童的性命，河童便会送来各种不可思议的东西当作谢礼，例如每天送鱼来，或者出借客人用的碗和餐点。此外，它们甚至会教授秘传伤药的做法，这种伤药能让任何伤口立刻痊愈。

传说，岩手县远野市河童潭里的河童曾在附近的常坚寺失火时帮忙灭火，那只河童后来成了寺里的狛犬。至今人们仍可看到头上顶着圆盘的“河童狛犬”。

▶牛鬼一见到人就会发动攻击，是一种非常凶猛的妖怪。它也可能变身为年轻貌美的女子，与之对战时严禁大意。

FILE
35
Monsters of the World
牛鬼
既凶暴又危险的水中妖怪
（出现地点）日本各地
危险度 ★★★★★
妖 力 ★★★★★
稀有度 ★★★★★

遇上必定对人发动攻击

在宁静山林的溪流里，有一片流动缓慢的绿色水域，河水轻轻晃动，从水底往水面逐渐浑浊。当人们正为这不可思议的景象探头查看时，水面突然溅起水花，一个牛头鬼身的巨大怪物猛然自水中冲出，朝人们发动攻击！

▲江户时代鸟山石燕所绘的牛鬼图。

传说“牛鬼”是一种居住在瀑布潭底或深泉、海底等水域的凶猛妖怪，它长着牛的头，会把人类拖入水中吃掉，非常危险。

传说中，岛根县的牛鬼大多会和“濡女”一起出现在海中。当牛鬼要把人拖往海里时，濡女就会在旁边帮忙。有时候，有人独自在海边散步，会忽然遇见不知从哪里冒出来的抱着婴儿、浑身湿透的女子。这个女子会求人帮忙抱一抱婴儿，如果听从她的话，女子会放下婴儿交给这个路人，接着自顾自地大步走入海中。

▲与牛鬼一同现身的“濡女”。（鸟山石燕《画图百鬼夜行》）

奇怪的是，婴儿会变得越来越重，直到压得抱着他的人动弹不得。此时牛鬼忽然从海里现身，攻击这名即将死得不明不白的可怜路人。

还有一种说法是，牛鬼会化身为美女再现身——濡女和牛鬼其实是同一种妖怪，它改变了形貌后再出现在人面前。相传濡女的上半身为美丽的女子，下半身为蛇的身躯，是溺毙女子的亡灵变成的。

在和歌县熊野地区的传说中，如果在山里碰上牛鬼，就会被紧盯着不放，渐渐地，人无法移动脚步离开现场。被牛鬼盯上的人可能会因为丧失精力而亡，或者被吞噬影子。此外，传说住在瀑布潭底的牛鬼会舔舐映在水面上的人类倒影。这样一来，这个人就会突然发高烧，在两三天内暴毙身亡。

万一不幸遇见牛鬼，可以念诵一句颠倒的咒语："石头随水流，树叶沉水底；牛儿高声鸣，马儿吠吠叫。"据说这样就能逃出生天。

小贴士 MEMO

据说还有一种外形为牛头蜘蛛身的牛鬼，甚至也有背上插着昆虫翅膀的牛鬼，从天空中飞驰而来。

▲"宇和岛牛鬼祭"中搬运牛鬼的专用轿。

爱媛县宇和岛市会于每年的七月二十二日至七月二十四日举办一场为期三天的奇特牛鬼祭典——"宇和岛牛鬼祭"。祭典里的"牛鬼"是引导"神明"坐轿的前锋官，它会绕行经过村里的每户人家，为他们赶走"魔灵"，是一种能驱魔的神兽。祭典集合了来自日本各地的各种"牛鬼"，游行巡礼后，它们便纷纷跃入流经附近的河川中，进行一场"牛鬼大战"。

▲如果河边出现一个驼着背洗红豆的小老头儿，那一定是妖怪“小豆洗”。

传说，如果你在河边侧耳倾听，听见一阵窸窸窣窣的淘洗声，那或许是小豆洗发出的声音。小豆洗会哼着毛骨悚然的歌曲“洗红豆呀，抓人吃呀……”把好奇的人吸引到河边，再趁机使人落水溺毙。

▼小豆洗为何洗红豆仍旧是个谜。

传说小豆洗原本是在寺庙里辛勤工作的小僧侣。很久以前，某座寺庙里有一个非常擅长数数的小僧人，他拥有神奇的能力，能够精准地说出一杯枡里放了多少颗红豆。（枡是用来量米的木制方形容器，亦可用来饮用清酒。）

小贴士 MEMO

传说在河川附近发出声音的妖怪除了小豆洗之外，还有发出洗米声的“淘米婆”，以及半夜发出唰唰的洗涤声的“洗濯狐”。

小僧人虽然头脑不好，但工作老实勤奋，寺庙的住持打算将来让小僧人继承寺庙。然而，同寺的僧人圆海却对此感到眼红。有一天，他趁住持出门的空当杀死了小僧人，并将小僧人的尸体藏在水井里。于是，第二天，寺庙里便开始发生怪事。

每晚井里都会倒映出小僧人的影像；庙里的遮雨窗会发出被一颗颗红豆打中的声音；更令人惊奇的是，有人看见河边有个长得像小僧人的人边洗红豆边数数。杀死小僧人的圆海后来被揭发罪行，并被判处死刑。这座寺庙最终后继无人，逐渐衰败荒芜。

FILE 37 Monsters of the World

俄安内

教授人类知识与文明的半人鱼

▲俄安内是一种海陆两栖的半人鱼，相貌威严，或许是完成了超级进化的古代人类的后裔。

（出现地点）伊拉克

危险度 ★★★★★

妖 力 ★★★★★

稀有度 ★★★★★

公元前3500年，位于中东伊拉克境内的底格里斯河与幼发拉底河孕育了美索不达米亚文明，美索不达米亚文明正起源于谜一样的苏美尔文明。

▼俄安内，又被称为“大衮”（Dagon）。

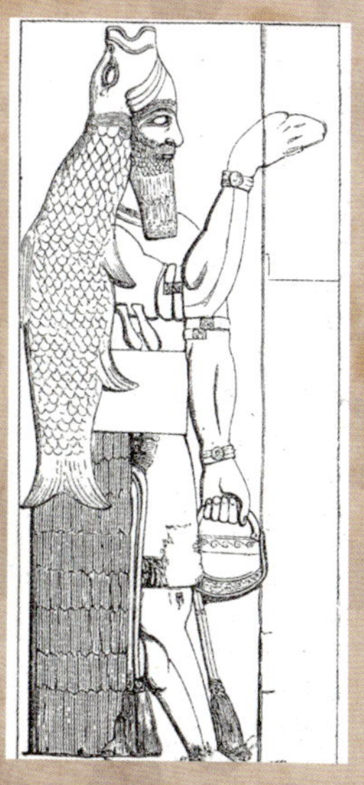

传说苏美尔人打从出现在地球上开始，就具备了生活所需的一切知识与技术。他们不但建造了巨大的金字塔神庙，还在神庙周围盖出了大型城镇。苏美尔人拥有高度的数学与天文学知识，甚至比后来的任何时代都更加文明。

苏美尔人为何拥有这些智慧？他们从哪里学来的？直到今日依然谜团重重。

根据巴比伦流传的神话，是“俄安内”这种半人半鱼的奇怪生物为这个地区带来了文明。每到白天，俄安内都会上岸教导人类各种知识，包括文字、法律、农耕灌溉方法、艺术等，授予人们打造一切文明基础的智慧。

一旦夜晚降临，俄安内便再度回到海里。据说太古时代曾有一个名为亚特兰蒂斯的超级文明沉入海底，说不定俄安内正是来自亚特兰蒂斯的人类祖先呢！

FILE
38
Monsters of the World
大海蛇
自古即存在的海中怪物
（出现地点）世界各地的海域
危险度 ★★★★★
妖 力 ★★★★★
稀有度 ★★★★★

自遥远的公元前直至今日，不断有人目击过海中的“大海蛇”，那是一种巨大的怪物。

公元前四世纪，古希腊的哲学家亚里士多德曾留下巨大海蛇袭击船只的记录。此外，《旧约》中的《约伯记》也记载了拥有坚硬的鳞片、类似巨型大蛇的海底生物——“利维坦”。目前，人们认为，利维坦也是大海蛇的一种。

公元十六世纪，世界进入大航海时代。当人类将地盘扩张到未知的海域时，目击到大海蛇的事件便渐渐地时有耳闻。

▼与大海蛇极为相似的日本妖怪海蛇 Ikuchi。（鸟山石燕《今昔百鬼拾遗》）

大海蛇身长约二十至六十米，其中不乏会攻击船只的凶猛家伙。日本也流传着一种形似巨大海蛇的妖怪，名为“Ikuchi”。据说Ikuchi在常陆国附近的海域出没，一看见船只便主动靠近，并刻意横跨到船只的上方。由于 Ikuchi的体形巨大，所有船只需要花上数小时甚至三天的时间，才能全部通过。

Ikuchi的身体上覆满了滑腻腻的油，船只从它的下方通过时，会沾染到大量的油脂。如果不赶紧把这些油脂清出船外，船只就会不堪重荷而沉入海底。

FILE
39
Monsters of the World
克拉肯
居住在海底的谜一样的怪物
（出现地点）大西洋等地
危险度 ★★★★★
妖 力 ★★★★★
稀有度 ★★★★★

虽然大海蛇的体形巨大，但仍然无法与传说中的海怪“克拉肯”相提并论。

▼图中描绘的克拉肯长相与章鱼相似。

克拉肯的外形类似乌贼或章鱼，自古以来就是北欧神话中的海底魔物。中世纪欧洲的博物志里也留下了描述克拉肯外形巨大无匹的文字记录。

传说过去有个搭船四处旅行的人，他在无人岛上停留了数小时。他离开无人岛以后，才发现那是克拉肯巨大身体的一部分。另外，根据其他记录记载，有人在某次航海途中遇上了克拉肯，克拉肯喷出的墨汁把附近的海域全部染黑了。

一旦在海上遇到克拉肯，它就会用灵活的长脚卷起船只，瞬间予以破坏，使之沉入海底。在风平浪静的海上，如果海面忽然开始冒泡，那便是克拉肯即将出现的信号。

不仅如此，克拉肯还会把从船上落海的人吞噬下肚。1872年，人们在葡萄牙海域发现了无人驾驶的帆船“玛丽·赛勒斯特号”。有一种说法是，这艘帆船曾遭到克拉肯的攻击，致使无人生还。无论如何，克拉肯绝对是船员们在海上最不想碰到的头号海怪。

第5章 居住在荒山野岭的妖怪

山林、草原等大自然的世界是属于妖怪的领域，可别不小心误入它们的领域而被抓走哟！

FILE
40
Monsters of the World
从山里飞出袭击人类
一反木棉
（出现地点）日本鹿儿岛县
危险度 ★★★★★
妖 力 ★★★★★
稀有度 ★★★★★

传说，从前有个人独自走在漆黑的夜路上，天空忽然飘来一反木棉布料朝他劈头盖下（“反”是日本的计量单位，一反长约十一米）。他拼命想挣脱它的纠缠，却因为木棉布料紧紧地裹住了他的脸而无法摆脱。他越是挣扎，它便裹得越紧，最终他因为缺氧而晕倒了。

小贴士 MEMO

夜路上忽然出现一张大棉被当头盖下，这是一种名为“野衾”的妖怪，唯有涂过黑色颜料的牙齿才能将它撕咬开来。

鹿儿岛县肝属郡（今肝付町）一带的居民都认为这是一种名为“一反木棉”的妖怪所为，心里无不感到害怕。被一反木棉缠上，结果若只是晕倒还好，据说情况严重时甚至有人因窒息而死。

相传一反木棉要攻击人类的时候，会轻飘飘地飞过来，紧紧缠绕住目标，使之无法呼吸。除了这种方法，它有时候还会呈现出卷起来的布匹状，以绕圈回旋的方式迅速飞翔，一看见人便包住对方飞向天际。

一反木棉最喜欢在黄昏后天色逐渐暗下来时寻找还在外头玩耍的孩子。大人对这些孩子说“再不回家就会被一反木棉抓走哟！”最能达到恐吓的目的了。

▼传说一反木棉来自权现山。

据说一反木棉来自村子附近的权现山，山顶至今仍残留着谜一样的小庙，看似是神社的遗迹，但这里祭拜的主神是谁，早已不可考。

FILE
41
Monsters of the World
撒沙婆婆
头顶上哗啦哗啦地掉下了沙子
（出现地点）日本奈良县
危险度 ★★★★★
妖 力 ★★★★★
稀有度 ★★★★★

▼鼬鼠。也有人说撒沙的妖怪是鼬鼠的化身。

传说，有个人走在人迹罕至的森林里，心里惴惴不安地想着："好像会有妖怪出没……"此时他突然听到头顶上有沙子哗啦哗啦地落下的声音。他紧张地查看四周，拍拍自己的头和肩膀，却完全看不到沙子的迹象……这种事很有可能是"撒沙婆婆"在作怪。

撒沙婆婆是流传在奈良县和兵库县等近畿地区的妖怪，她会在无人森林、神社岔路和大松树旁出现。人们会听见不知来自何处的撒沙声，但大多仅止于此，接下来什么事也不会发生。

据说，有时候人们的身上可能沾到沙子，但谁也没有真正见过撒沙婆婆。虽然她是个令人心生恐惧的妖怪，但即使碰上了应该也没有危险。

与撒沙婆婆相似的妖怪还有"撒沙狸猫"，或称"沙降"。传说这种妖怪的真面目是狸猫，它们背着沙子爬到树上，一旦有人从树下经过，狸猫便摇一摇身体，让沙子撒落下来，好惊吓过路人。被撒到沙子的人，方向感会变得异常，甚至掉入河里。

▼►满面通红的大天狗长着一个长长的鼻子，率领着禽鸟般的鸦天狗手下。大天狗会巡逻，控制整座大山，是一种近似于神明的大妖怪。

FILE
42
Monsters of the World
天狗
支配大山的飞天魔神
（出现地点）日本各地
危险度 ★★★★★
妖 力 ★★★★★
稀有度 ★★★★★

在传说中，天狗是一种住在日本山林里的妖怪，红脸高鼻，外表装扮像是日本修验道（日本原始的山岳信仰与佛教融合而成的宗教信仰）的山伏（在山中徒步修行者）。它的手上拿着一把羽毛扇，在空中自由飞翔。这一类天狗，人称“大天狗”或者“鼻高天狗”。

大天狗的喽啰则称为“小天狗”或“鸦天狗”（亦称乌天狗）。它们的体形比大天狗要小，嘴尖锐突起，形似鸟类。

大天狗当中，有一些具备强大的神力，恍若神明。这些天狗拥有各自的名字。其中有一个住在京都鞍马山上的天狗，名叫“鞍马山僧正坊”，它就是因教授牛若丸（幼年的源义经）兵法而闻名的天狗。

天狗可以说几乎支配着整座大山，山里发生的各种奇奇怪怪的事情多半是天狗所为。

◀教导牛若丸剑术的天狗。

举例来说，“天狗倒树”是指在山林里听见树木被锯倒的声音，前往查看却一切如常的现象。其他事件有在无人处突然有小石头或沙砾落下的“天狗飞石”；孩童在山林里失踪，回来后说自己遇见了天狗的“天狗神隐”等。

▲天狗的种类繁多，其中有一种长着鸟喙与翅膀的“鸦天狗”。（鸟山石燕《画图百鬼夜行》）

传说，天狗多数时间都待在山林里，但偶尔会有天狗跑到人类的城镇里为非作歹。相传距今约三百年前，伊豆的柏峠这个地方就曾有天狗对旅人和居民恶作剧。人们不堪其扰，期望附近佛现寺里的和尚能将天狗赶走。

小贴士 MEMO

日本最古老的天狗形象是《日本书纪》中记载的“あまつきつね”，传说那是一颗划过天空的巨大彗星。

柏峠有一棵比周围其他树木高得多的参天大树，和尚认为这必定是天狗的居所，便在树下毫不间断地念了七天七夜的经。到了最后一天，和尚的眼前出现了一个鼻子长达三尺（九十厘米）的天狗。和尚抓住天狗的鼻子一扭，天狗立刻落荒而逃。

后来，和尚请樵夫砍掉这棵大树。此时一阵微风轻扬，天空中飘来一幅卷轴，大树同时倒下。自此，柏峠一带再也没有妖怪作恶了。

那幅卷轴上密密麻麻地写满了无法解读的文字，据说是一篇天狗为自己所做的恶事表示忏悔的“天狗道歉文”，现在依然保存在伊豆的佛现寺里。

FILE 43 Monsters of the World

手长足长

两人一组的巨大妖怪

（出现地点）日本各地

危险度 ★☆☆☆☆

妖 力 ★★★☆☆

稀有度 ★★☆☆☆

传说，“手长足长”是由双手超长的“手长”与双脚超长的“足长”组合而成的妖怪。根据中国古书《山海经》的记载，手长足长原为居住在“长肘国”与“长股国”的奇妙民族。在日本的平安时代，他们甚至被视为掌管长生不老秘诀的仙人。

▼据说手长足长曾在安岛地区的大海里捕鱼。

横跨山形县和秋田县的鸟海山上，流传着一个有关手长足长巨人双怪的故事。手长足长只要到人类的城镇就会作乱，鸟海山的神明为了阻止他们的恶行，便派遣三足灵鸟到镇上监视他们。

当手长足长在山顶上时，灵鸟便会大喊“无耶”；当手长足长要到镇上时，灵鸟则会大喊“有耶”，以警示镇上的人们。当时灵鸟到过的地方，现在被称为“有耶无耶之关”。会津磐梯山也有类似的手长足长传说，但这里的传说中的手长足长是一对夫妇。

另外，传说，在大和民族到达福井县的安岛以前，当地原本住着手长足长一族，他们主要以捕鱼为生。首先由足长背着手长走入海中，然后手长会在手掌中放上贝类的粪便，并将手伸入海中，再趁鱼来吃的时候反手捉鱼。综合以上各种说法，即使碰上了手长足长，应该也不会有什么危险。

涂壁

无限延伸的墙壁

▲遇到涂壁的人看不到涂壁的全貌，只觉得自己的眼前有一堵墙壁。

（出现地点）日本各地

危险度 ★☆☆☆☆

妖　力 ★★★☆☆

稀有度 ★★☆☆☆

夜晚走在漆黑的山路上或森林里，眼前突然出现巨大的墙壁挡住去路，令人无法再往前进，传说如果发生这种事，那说不定是“涂壁”干的好事。

▼狸猫的阴囊（睾丸）延展到有八张榻榻米之大。

当涂壁出现在人们眼前，其上下两侧当然不可能通行。就算想从旁边绕过，涂壁也会朝左右两边无限延伸。不管如何，人们都无法继续前进，即使推挤、敲打，它也纹丝不动。

传说中，此时要冷静下来，找找看附近有没有掉落的木棒。用木棒朝墙壁离地面约三十厘米的地方迅速挥动，就会发生不可思议的事情——涂壁消失得无影无踪了！

小贴士 MEMO

也有人说涂壁是狸猫或鼹鼠的恶作剧。据说狸猫会放大自己的阴囊（睾丸），形成类似墙壁般的阻碍。

与涂壁相似的妖怪还有“野衾”。据说，曾有人走在路上时忽然被一张大棉被挡住去路，上下左右地找遍了所有角落，依然找不到出口，整张被子无止境地朝四方延伸。大部分的人遇到这种事都会被吓得晕倒在地，不过，听说如果老实地坐在附近的石头上稍等一下，野衾便会自然消失。

除了日本，在巴布亚新几内亚的丛林传说中也出现过涂壁，东南亚似乎也有它的踪影。

FILE
45
Monsters
of the World
人面树
绽放出一朵朵人面花
（出现地点）阿拉伯国家
危险度
妖 力
稀有度

在《今昔百鬼拾遗》这本江户时代知名的妖怪图鉴里，描绘了一种流传自大食国的奇特“人面树”。

▼日本有一种树叶会幻化为人的芭蕉妖怪。（图为鸟山石燕《今昔百鬼拾遗·芭蕉精》）

根据当时的百科事典《和汉三才图会》所述，从中国西南方出海，航行约八千里处有一个名为“大食”的国家，那里生长了一种人面树，树上开的花朵或结的果实宛如人脸一般。

人面树生长在深山里，藏在枝叶之间的人面花朵大多会老实地闭上眼睛。不过，一旦有人靠近，花朵就会睁开眼睛，紧盯着来人看。为了吸引人类的注意，有时候人面树会晃动树枝，发出沙沙的声响。

人面树仿佛想诉说什么，会让人忍不住开口询问：“你怎么了？”但人面树似乎不懂人类的语言。尽管如此，花朵会对人类的声音有所反应，一齐放声大笑起来。万一笑得太过火，花朵就会枯萎掉落。掉到地上的人面花会变得满面皱纹，慢慢干枯，看起来实在恶心。

虽然人面树长了人的脸，但不会对人类造成特别的危害。据说，人面树是植物吸收死去的人类“灵魂”后偶然形成的，现在已经不复存在了。

FILE
46
Monsters of the World
爱娜温
招来幸福的植物妖怪
（出现地点）德国
危险度
妖　力
稀有度

爱娜温（Alraune）是一种植物妖怪，相关故事主要流传在德国地区。它拥有不可思议的灵力，是炼金术或魔法使用的植物“曼德拉草”的亚种，从地上乍见之下仿佛普通的草，根部却长着人类的外形。

▼古代药学书 *Naples Dioscrude* 上描绘的曼德拉草。

爱娜温被拔出来的时候会发出世间不曾有过的凄厉叫声，让听到的人失去意识而死。

因此，传说每到收成时，人们都会将狗拴在这种植物的茎上，自己则跑到远处待着，然后开口呼唤狗的名字。这样人们就能安全地拔出植物，但狗会因为听见植物的尖叫声而死去。

据说爱娜温全部都是女性。

传说把摘下来的爱娜温用红酒清洗干净，以绢布仔细包好，再放入箱子里，每到周五取出泡澡，这样一来，它就会回答主人的任何问题。主人会因为爱娜温的庇佑而变得富裕，从而获得幸福。但若过度依赖爱娜温，胡搅蛮缠，它就会失去力量而枯萎。

FILE
47
Monsters
of the World
哥布林
遍布欧洲地区的小鬼
（出现地点）欧洲
危险度 ★★☆☆☆
妖 力 ★★☆☆☆
稀有度 ★★☆☆☆

住在矿山或洞窟中的小鬼妖怪，人们称为“哥布林”。它们从大地裂缝中出生，散布在整片欧洲大陆上。因此，以英国和法国为首的欧洲各地都有它们的传说。

成年哥布林的平均身高只有三十厘米，就算是突变种，最高也只有一百二十厘米。它们不喜欢阳光，白天都在矿坑里挖隧道，到了夜晚才会来到地面，对人类进行各种恶作剧。

▲躲在居民家里饮酒作乐的哥布林。哥布林喜欢生活在阴暗的地方。

哥布林的恶作剧有拨弄马的鬃毛之类的轻率举动，也有抓小孩来吃这种超越恶作剧程度的恶行。它们具有恶意刁难的习性，如果人类对它们的恶作剧感到伤脑筋，会让它们非常开心。

传说某些哥布林会来到城镇，寄居在人类的家里。它们喜欢不爱做家务的人家，每天都会捉弄人类，像是随意变换家具的位置，或者把重要的东西藏起来等。

然而，由于它们寄居的对象多半个性懒散，所以并不会发现原来哥布林就待在自己的家里。

◀全身长满浓毛的妖怪“觉猴”，长相与不明生物“大脚雪怪”以及“比婆怪兽”相似。

传说在日本飞驒地区的深山里，存在着一种能够读人心的妖怪，名叫“觉猴”。

从前，有个男人在山里生起篝火，忽然感觉背后有人接近。他转头一看，发现那里站着一个全身长满浓毛、如同大猿猴的妖怪。男人心里忍不住嘀咕起来：“什么嘛！这家伙是妖怪吗？”结果妖怪分毫不差地把男人心里的话说了出来：“你刚才在想‘什么嘛！这家伙是妖怪吗’，对吧？”

男人心里想的事全都无所遁形，所以接下来的行动也早被识破。男人一想到这会带来大麻烦，便急忙捡起篝火中的木柴，往觉猴脸上打过去。觉猴嘴里喊着“想不到我竟然会被打，人类真可怕”，便落荒而逃了。

传说野槌住在深山的洞穴中，身长三尺（约九十厘米），直径五寸（约十五厘米），像是一把没有握柄的槌子。野槌的头上没有眼睛和鼻子，只有一张大嘴，一旦张得够大就能吃人。

传说野槌是无德的和尚化身而成的，这些和尚既没有辨别真伪的能力，也不会帮助别人，只有一张嘴巴厉害，因此死后就变成了这副模样。

野槌滚下斜坡的速度很快，但往上爬的速度很慢，所以，万一遇上野槌，最好往高处逃跑。

此外，据说“土龙”（或称槌子蛇）这种日本传说中的谜一样的生物也是野槌的一种。

第6章

居住在城镇中的妖怪

传说有些妖怪若无其事地出没在城镇中，人类会在不知情的状态下与它们相遇。

FILE 50
Monsters of the World
呜旺
飞身越过围墙的妖怪
（出现地点）日本
危险度 ★★★★★
妖 力 ★★★★★
稀有度 ★★★★★

▼江户时代的鸟山石燕《画图百鬼夜行》中描绘的呜旺。

传说日暮时分，有个人路过坟墓附近时，莫名感到有妖怪即将现身的氛围，他不寒而栗。当他一边想着“希望什么都别出现”，一边加快脚步想迅速通过时，忽然听见“呜旺”的一声大叫，同时有一个巨大的男人越过围墙出现在他眼前，这种妖怪就是“呜旺”。

传说呜旺是墓场主人，基本上只会跳出来吓唬路人。不过，万一路人被呜旺的大喊声吓了一大跳后双腿发软，呜旺就会用它巨大的手掌攫住对方，把人带入坟墓里。更可怕的是，路人很可能就这样被迫离魂，或者被活埋进土里。为了防止这种惨事发生，万一听见呜旺的叫喊声，就要立刻回应对方：“呜旺。”

此外，呜旺也可能会出现在老房子里。传说从前，有对夫妻用非常便宜的价钱买下了一座古老的宅邸。晚上睡觉时，家里忽然响起“呜旺”的大喊声，这种声音一直持续到天亮，使得夫妻两人完全无法休息。奇怪的是，邻居们竟然完全没有听到呜旺的声音。

FILE
51
Monsters of the World
大首
咧嘴微笑的巨大人头
（出现地点）日本石川县
危险度 ★★★★★
妖 力 ★★★★★
稀有度 ★★★★★

很久以前，传说金泽的城下町每到夜晚就有“大首”出没。大首是巨大的女人头，它会在无人的夜路上突然出现，吓唬路人。

一连多日下雨，就在某个天空终于放晴的夜晚，一个男人急急忙忙地走在回家的路上。此时，一道宛如闪电的光芒忽然出现，照亮四周，树叶上的积水被弹了开来，浓密的树荫下钻出一个高约六至七尺（约一米八至两米）的女性大头。它仿佛遇到了开心的事情，咧嘴微笑，从惊吓不已的男人面前飘过。

▼葛饰北斋的《近世怪谈霜夜之星》中展现出生气面孔的大首。

传说，曾经有人看见大首无所事事地停在围墙上，甚至有人在与大首错身而过时，闻到了大首吐出的臭气。沾染到大首气味的人，身体会接连好几天发黄发肿，吃了医生开的处方药以后，还得再过一段时间才能复原。

在夜路上或家门旁突然出现巨大的女人头咧嘴微笑——各地都流传着类似的怪谈。大首当中也有带着怨恨而死的人，怨念让它们的脸孔呈现出一副生气的模样。

可是，究竟为什么会只现出一张脸呢？虽然大首似乎没有危险，却是一种令人费解的妖怪。

FILE 52 Monsters of the World

降雨小僧

力量低微却能唤来雨水

（出现地点）日本

危险度 ☆☆☆☆☆

妖　力 ★★☆☆☆

稀有度 ★★☆☆☆

传说，降雨小僧是服侍雨神的妖怪，负责照料“雨师”的日常生活。由于他尚未晋身神明之列，等同于见习生，所以没有能力左右天气状况。可是，像阵雨或太阳雨这种下了一会儿随即放晴、变幻莫测的雨，降雨小僧或许帮得上忙。

▼据说，狐狸嫁女儿会在下太阳雨的时候举行。

降雨小僧在妖怪之中的身份低微，体形娇小，性格怯懦，因此很容易任大妖怪随意使唤。

岩手县的某个地方便流传着降雨小僧帮助狐狸嫁女儿的故事。在狐狸的世界里，女儿出嫁绝对不可以被人类看见。狐狸就拜托降雨小僧只在出嫁队伍行进时降雨，阻止人们上山。因此，当城镇里出了大太阳，只有山里下雨时，人们就会猜测：“是狐狸在嫁女儿。”

和呼唤雨水的降雨小僧站在相对立场的是招来晴天的妖怪“日和坊”。虽然他很少现身，但在夏日晴朗炎热的日子里，便会在山中发现他的踪影。用来祈求天气晴朗而挂在窗边的晴天娃娃，据说原本是用来祭拜日和坊的道具。

传说，豆腐小僧出现时，双手总是牢牢地捧着盘子，上面放着一块滑嫩嫩的豆腐。没有人明白他为什么要捧着豆腐以及出现在人类面前有何目的，他是个满身谜团的妖怪。

豆腐小僧的个性软弱，既不会吓唬人，也不会变化身形，因此被妖怪们当用人使唤。不过，尽管没有恶意，他依然是个妖怪。如果有人敢任意抢走豆腐小僧手里的豆腐吃下肚，他的身体就会从里面开始发霉，所以千万不可大意。

另一方面，江户时代的画本中经常出现豆腐小僧的身影，他似乎是当时广受喜爱的吉祥物。

肉瘤怪

它是没有脸孔的肉块吗？

传说，肉瘤怪的外形像是一团胖乎乎的肉块，是无脸妖怪的一种。据说在江户时代的骏府城（位于静冈县）境内，某天，一名家臣发现有个奇怪的物体站在外头。这个怪物的外形就像是一块孩童大小的肉块，正用没有手指的手频频指着天空。城主下令把它赶到没有人看得到的地方去，家臣便将它弃置到了山里。

后来，有个人听说了这件事，惋惜地说道："那团肉块应该是'封'。"据说只要吃下封的肉，就会拥有无穷的精力，获得众人难以匹敌的神力。难道封真的是肉瘤怪吗？

轮入道

带来灾难的车轮妖怪

（出现地点）日本京都府

危险度 ★★★★★

妖　力 ★★★★★

稀有度 ★★★★★

传说，轮入道是一种可怕的妖怪，即使只是躲在角落里偷看它一眼，也会发生不幸的事情。

▼除了轮入道，还有一种车轮上搭载着女人的叫“片轮车”的妖怪。（鸟山石燕《今昔画图续百鬼·片轮车》）

很久以前，曾有传言说京都的东洞院大道一到半夜就会有车轮妖怪经过。有个家住这条路旁的女人很想亲眼看看妖怪，于是偷偷摸摸地躲在屋外等待。到了夜半时分，有一个牛车轮从大路的那一端咕噜咕噜地往她的方向滚动而来。

仔细一看，车轮正中央有一张长着满脸胡须的男人的脸，嘴里还挂着嚼成碎片的人类的脚。这个女人为这幕可怕的景象而倒抽了一口气，心里充满后悔：“我看了不该看的东西。”此时，妖怪突然和她四目相接。

车轮上的男人脸目光灼灼地怒视女人，大喊：“要看我还不如去看看你的孩子！”

听见这句话，女人急忙转身快步回家。她走进孩子的寝室探望孩子，但掀开棉被的瞬间立即发出悲鸣，因为她的眼前出现了怎么也想象不到的景象。原来，孩子的一只脚已经不见了，那个妖怪嘴边挂着的肉正是自己的孩子的脚啊！轮入道绝对是一个让人见到后会后悔不已的可怕妖怪。

FILE
56
Monsters of the World
庞南加兰
脖子底下垂挂着许多内脏
（出现地点）马来西亚
危险度 ★★★★★
妖 力 ★★★★★
稀有度 ★★★★★

据传，在东南亚的马来西亚半岛和加里曼丹岛一带，有一种名为“庞南加兰”（Penanggalan）的吸血女妖。它平常以普通女性的模样现身，与常人毫无相异之处。但是，一到了夜晚，它的头便与身体分离，在人们熟睡的城镇中四处翱翔，找寻掠食的目标。

▼长着细长尖刺的林投叶。

如果仅止于此，那庞南加兰便与日本的“辘轳首”“落头氏”相仿，然而庞南加兰的外貌却与它们有决定性的差别。庞南加兰的头身分离时，它的脖子上还会垂挂着许多内脏，以一种恐怖的形态在空中飞翔。它可以操控这些内脏为它排除路上的障碍，夜里为了照亮道路，内脏还会闪闪发光。若是被这些内脏的血滴到，那个人就会染上重病。

小贴士 MEMO

菲律宾流传着魔女“马纳南加尔”（Manananggal）的传说：每到夜里，马纳南加尔的上下半身便会分离，在空中飞行，寻找婴儿果腹。

传说庞南加兰原本只是一名普通女子，却受到恶魔的怂恿，获得了长生不死的力量。它喜欢饮用婴幼儿的鲜血，会潜入有新生婴儿的人家中，将婴儿身上的血液一滴不剩地吸入自己的体内。

因此，有些即将生产的人家会在玄关种植一种叶子上长满细长尖刺的林投树。如此一来，庞南加兰若试图进屋，这些尖刺便会刺伤它的内脏，使它不敢靠近房子。

FILE
57
Monsters of the World
小精灵
依附在机械上的精灵
（出现地点）英国
危险度 ★☆☆☆☆
妖 力 ★☆☆☆☆
稀有度 ★★★★☆

进入二十世纪后，才开始有“小精灵”这种全新怪物的传说。小精灵可以说是对人作恶的妖怪哥布林的进化版，它会依附在电子机器或引擎等机械里，使之出现故障。据说，在第一次世界大战的英国空军飞机里首次发现了小精灵的踪影。

▼据说曾和小精灵进行过对话的美国飞行家查尔斯·林白。

小精灵会把自己的手指头伸进机械当中，使机械运作异常；或者喝掉飞机上的燃料，让飞机失去动力。另外，它还会用尖锐的牙齿咬断连接零件的导线和电线，造成机械故障。这些对机械的恶作剧行径，便是小精灵的个性特质。

1927年，驾驶螺旋桨飞机成功横跨大西洋，完成单人不着陆飞行的美国飞行家查尔斯·林白，据说曾在飞行途中与小精灵进行对话。在起飞后十小时左右，林白乘坐的机舱内突然弥漫起白烟似的物质，而且不断地成形又消散，仿佛有生命般蠕动着。

当时，这阵白烟向林白述说了飞机的结构和航空力学等知识，据说内容比那个年代的人们具备的航空知识更加先进。看样子，随着机械的发达，小精灵似乎也从某处获得了比人类更高等的智慧。

有一种在烧杯中生存的神秘生命体，被人称为“人造小矮人”（Homunculus），传说这是以炼金术制造出来的产物，它自出生起便拥有世间一切知识。

公元十六世纪，以炼金术闻名的瑞士医生帕拉塞尔苏斯（Paracelsus）曾在他的书里详细地记载了人造小矮人的制作方法。

首先将液体密封在烧杯里，然后放在蒸馏器中，用四十天的时间使之腐败。这么一来，烧杯里很快就会出现类似透明人的物质。接着，每天滴入血液当作养分，并使烧杯保持如马胎内的温度，再培养约四十周，就能够以人工制造出小矮人。不过，这种听起来就像是传说的方法，很少有人相信它。

神灯精灵

摩擦油灯即现身的妖怪

从前，有一个名叫阿拉丁的贫穷男孩。有一天，邪恶的魔法师骗他到地洞里取出油灯。原来那是一盏可以实现任何愿望的神灯——只要摩擦油灯，就会出现一个巨大的魔神等候主人差遣！

这个传说被编入一本叫作《一千零一夜》的书中，故事名为“阿拉丁神灯”，故事里登场的魔神是阿拉伯半岛上的“精灵”之一。远在人类诞生以前，他们便存在于世上，并且拥有天地间所有的魔法与神力。

精灵当中也有耐性不佳、性格粗暴者，他们被称为“伊夫利特”，会借着在沙漠中卷起巨大的龙卷风四处移动。还有一些精灵会对人为恶，这些邪恶精灵大多会被封印在戒指、油灯或陶壶里面。

第7章 传说出没在家里的妖怪

神出鬼没的妖怪
根本没有固定出没的场所，
传说中，人类的
家里也躲藏着妖怪哟！

FILE
60
Monsters of the World
垢尝
大口舔舐浴室污垢的妖怪
（出现地点）日本
危险度 ★★★★★
妖 力 ★★★★★
稀有度 ★★★★★

传说，静悄悄的深夜里，全家都睡着了，浴室里却传来咔嚓咔嚓的怪声。偷偷看一眼，那里居然有一个长得像孩子般的妖怪正伸出长长的舌头舔着洗澡桶……

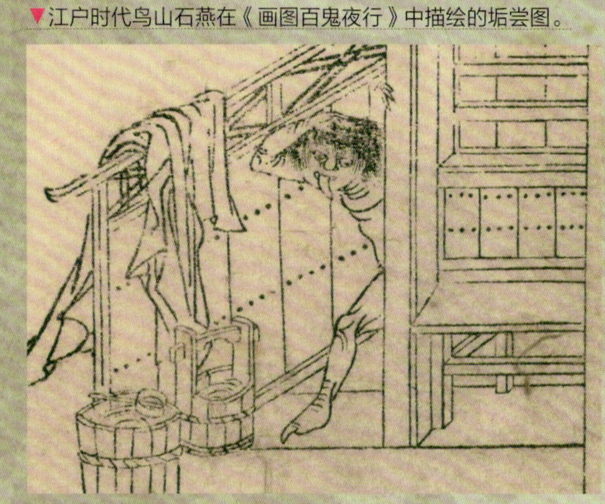
▼江户时代鸟山石燕在《画图百鬼夜行》中描绘的垢尝图。

“垢尝”是一种出现在浴室里的妖怪，专门舔舐浴室里累积了灰尘、霉菌、水垢、人类污垢等脏污的地方。据说，在那些老旧且不太整洁的公共澡堂、荒废的空房子里经常可以见到它们的身影。它们也会出现在欠缺打扫的家庭浴室里。

或许有人心想，如果垢尝能将污垢舔干净，自己就不必花工夫打扫了，何乐而不为呢？但要知道的是，垢尝原本就是从浴室的脏污中诞生的妖怪，肮脏的地方才会有肮脏的妖怪津津有味地舔舐，所以那种浴室不可能变得干净，反而会变得更加肮脏！

也许垢尝这种妖怪之所以出现，就是告诫大家要经常保持浴室和身体的清洁吧。

▲座敷童子会和人类婴儿一起玩耍，只有小孩看得见，大人无法看见他们的身影。

座谈会敷童子是流传在岩手县等东北地方的妖怪，他们的形象如同神明或精灵一般。座敷童子是一个剪了一头短发的可爱小孩，通常身穿红色和服。他们会在人类家里恶作剧，例如跑到睡着的人身上坐下，或者把枕头翻到背面、制造奇怪的声响等。

▲岩手县二户市境内祭拜座敷童子的龟磨神社。

座敷童子又有“座敷少爷”“仓少爷”的别名，其中还有一种肤色白皙的美丽座敷童子，称为“ちょうぴらこ”(chou pi ra ko)。另外，有一种较为低等的座敷童子，名为“のたばりこ”(no ta ba ri ko)，他会在深夜从土间（日本建筑中与屋外相连的出入口空间）慢慢爬出来，爬行进客房，令人毛骨悚然。

小贴士 MEMO

据说大人看不见座敷童子。座敷童子会混入孩子当中玩耍，有时，在数孩子时，会发现多了一个小孩，却也认不出哪个是座敷童子。

传闻座敷童子坐镇家中期间，家里便会繁荣富裕；而座敷童子离去后，家里便会贫穷匮乏，厄运连连。因此，即便座敷童子老是在家里恶作剧，还是广受民众的欢迎。

人们大多认为座敷童子会待在家深处的客房里，虽然每户人家的做法各有不同，但基本上每天都会准备餐点招待座敷童子。座敷童子喜欢吃红豆饭，万一供养的红豆饭没有被动过的迹象，便是座敷童子即将离家的预兆。

传说，在有榻榻米的和室房间里，总觉得有人一直盯着自己看，猛然抬头一望，和室门的格子上浮现出密密麻麻的眼睛——这就是妖怪“目目连”。

相传目目连最早出现在围棋师傅住过的家中。棋士（下棋的人）必须专注地盯着棋盘上的每个角落，其视线里隐藏的强大念力最后留在家中徘徊不去，便成了目目连。

不单日本如此，自古以来，世界各地都相信人的视线具有特别的力量，只要怀抱着憎恨或敌意注视着对方，就能够对对方造成危害。如果目目连出现时带有恶意的目光，那么这个家里便可能会发生不幸的事情。

暮露暮露团

破旧的棉被妖怪

传说，如果手边有老旧的破棉被舍不得丢掉，不久后它就会变化为“暮露暮露团”妖怪。

很久以前，传说有一些名叫“暮露暮露”的人，他们舍弃人世间规矩的生活，四处放浪形骸地度过每一天。后来，这些人留下来的悔恨及遗憾便转移到他们盖过的棉被上，幻化成了妖怪“暮露暮露团”。

除了暮露暮露团，爱知县的佐久岛还有一种名为“布团披”的棉被妖怪，和一反木棉一样，棉被会突如其来地飞扑、覆盖在人的脸上。

FILE
64
Monsters of the World
反枕
睡觉时请注意！
（出现地点）日本
危险度 ★★★★★
妖　力 ★★★★★
稀有度 ★★★★★

你是否曾经有过以下的经历？明明自己睡觉时身体的姿势端正，早上起床时却发现头下面的枕头上下颠倒，或者枕头在不知不觉间滚到了房间的角落，头和脚的位置跟入睡时的方向相反……诸如此类的状况。

▲人类想象的动物“貘”。传说貘会把人类的梦吃掉。不过，如果事先将貘的图像塞入枕头下方，就不会受到反枕的骚扰。（清《古今图书集成》中的貘图）

在传说中，这些现象或许是妖怪“反枕”趁人类熟睡时所做的恶作剧。

反枕的样貌和原型依据传说地区不同而有所不同，有些地区的反枕拥有孩童般的模样，有些则像小仁王像（日本佛教中的金刚力士护法）。也有人说，反枕是在房间里死去的人的灵魂化身的。

此外，日本东北地区的“座敷童子”会做出翻转枕头的恶作剧，所以也有人认为反枕的原型其实是座敷童子。

翻转枕头这种恶作剧听起来没什么大不了，但在某些地区的传说中有人因此死去。事实上，某些人认为，人类平常的梦境是和灵界类似的异世界。根据这些人的说法，人类的灵魂会在睡眠时离开身体，展开异界之旅，而枕头正是前往异世界的重要媒介。因此，要是枕头被翻转，灵魂便再也回不来了。

传说滑瓢会在人们忙着张罗晚餐时忽然现身，在大家不注意的情况下随意进入家里喝茶，是个外貌像老人的妖怪。因为它的行为举止太过光明正大，所以丝毫不会引起人们的疑窦，也没有人知道它什么时候消失。

虽然江户时代的画本里描绘了滑瓢的样貌，但没有人知道它现身的目的和真面目。

有人将它比喻成一个“滑头的妖怪”，就像用葫芦抓鲇鱼一样滑溜，令人无法掌握。另一种说法则认为它是妖怪的总司令。

FILE 66 Monsters of the World

哔咙（涂佛）

在佛龛里捉弄人的妖怪

▶有着丑陋外貌的“哔咙”，使人完全感受不到佛陀的尊贵。

（出现地点）日本

危险度 ★★★★★

妖　力 ★★★★★

稀有度 ★★★★★

传说“涂佛”是一种从佛龛里飞出来吓唬人的妖怪，它住在被人遗忘的古老佛龛里，并不会特别为恶，但是个让人不舒服、不讨喜的存在。

传说，涂佛希望自己能像佛龛里被人供奉的佛陀一样，让大家每天对它合掌礼拜，于是打算变成佛陀的模样。但是，妖怪有冒充佛陀这种想法是会遭受惩罚的。因此，涂佛反而变成了“哔咙”这种低级、丑陋的妖怪的模样。

哔咙有着一副蒟蒻般的肥软身体，嘴里一边叫着“哔咙”，一边用尾巴抚摸人脸，好吓唬人们。遇到哔咙的捉弄时，无须害怕，只要对它说“我要去跟佛陀举发你”，据说哔咙就会立刻逃得无影无踪。

世界各地都有专门抓不乖小孩的妖怪的传说，日本最著名的就是在除夕夜挥舞菜刀寻找坏孩子的“生剥鬼”。以美国为首的欧美国家则有“夜魔”（Bogeyman）专司此职。

传说夜魔是个长相恐怖的怪人，通常躲在衣柜里或床底下，会把夜里不睡觉、到处玩耍，或者不听父母的话、任性妄为的孩子装进大布袋里掳走。他总是背着一个大袋子，外形看起来就像圣诞老人，但袋子里装的却是不听话的孩子！

据说夜魔会把掳来的孩子卖给恶魔。

▶棕精灵因为穿着棕色的衣服而得名。

第7章 传说出没在家里的妖怪

棕精灵

乐于助人的小妖精

传说“棕精灵”（Brownie）居住在苏格兰和英格兰地区的人家里，是一种能为人类带来幸福的善良妖精。

相传，棕精灵会在人们睡觉时帮寄宿的人家做擦鞋子、清扫小角落、割草、放羊等工作，一旦棕精灵喜欢你家，就会世世代代守护这里。不过，如果人们胆敢抱怨棕精灵家事做得不好，他们就会立刻生气，甚至离家出走。

答谢棕精灵的方法就是若无其事地把食物放在房间的角落里。棕精灵非常讨厌被人发现他们的行踪，因此，你若想要向他们表达谢意，一定得偷偷进行。

《稻生物怪录》绘卷

与妖怪共度一个月

广岛县三次市有一本记录了妖怪故事的绘卷，那便是《稻生物怪录》。据说这本绘卷记载了一个名叫稻生平太郎的少年在某年夏天的三十一天中在他家遭遇了各种妖怪与异事。

江户时代中期，十六岁的平太郎登上比熊山试胆，当时虽然平安回家了，但不久后，平太郎家里便开始发生各种怪事。然而平太郎一点儿也不感到害怕，最后妖怪大将军山本五郎左卫门只好登门认输，并且大大赞扬了平太郎的勇气。

现在就介绍一下这一个月当中发生在平太郎家里的一部分怪事。

第一天

▼平太郎家里突然出现一个独眼巨男妖怪，它用巨大的手掌攫住平太郎。

第五天

◀出现了一只螃蟹石妖。受惊的客人拔出刀来，平太郎（右）却泰然自若地说："冷静一点儿。"

第六天

▶大门口挤进一张老太婆的大脸。尽管在它的眉间插入小刀，它也一副不痛不痒的样子。平太郎便放它离开了。

第二十五天

◀平太郎想走到庭院里时，踩到一个全身发青、触感滑溜的不知名妖怪。

第二十六天

▲不知从何处飞来一个女人头，脖子下还连着一只手。女人用手来回抚摸平太郎的身体。

第三十天

◀出现一个巨大的头颅，并且带来一大堆蚯蚓。在妖怪面前泰然自若的平太郎看到大量蚯蚓却觉得很恶心。

第三十一天

▶魔王山本五郎左卫门（左）在平太郎面前现身，他称赞平太郎的勇气，并赠给他魔法木槌。于是，一连串的怪事就此平静下来，不再发生。

索 引

h	哈耳庇厄	はるぴゅいあ（ha ru pyu i a）	西村光太
	河童	かっぱ（kap pa）	合间太郎
	滑瓢	ぬらりひょん（nu ra ri hyo n）	合间太郎
	化猫	ばけねこ（ba ke ne ko）	Nablange
j	基克洛普斯	さいくろぷす（sa i ku ro pu su）	danciao
	见越入道	みこしにゅうどう（mi ko shi nyu u do u）	西村光太
	降雨小僧	あめふりこぞう（a me fu ri ko zo u）	合间太郎
	九头蛇	ひゅどら（hyu do ra）	村山龙大
	九尾狐	きゅうびのきつね（kyu u bi no ki tsu ne）	Nablange
	觉猴	さとり（sa to ri）	西村光太
k	刻耳柏洛斯	けるべろす（ke ru be ro su）	Nablange
	克拉肯	くらーけん（ku raa ke n）	木乔
	肯陶洛斯	けんたうろす（ke n ta u ro su）	绿川美帆
l	狼人	おおかみおとこ（o o ka mi o to ko）	Nablange
	雷兽	らいじゅう（ra i ju u）	Nablange
	龙	りゅう（ryuu）	Nablange
	辘轳首	ろくろくび（ro ku ro ku bi）	西村光太
	轮入道	わにゅうどう（wa nyu u do u）	西村光太
m	米诺陶诺斯	みのたうろす（mi no ta u ro su）	村山龙大
	暮露暮露团	ぼろぼろとん（bo ro bo ro to n）	西村光太
	目目连	もくもくれん（mo ku mo ku re n）	西村光太
n	纳别奇	なーヴゃつぃ（naa va tsu i）	西村光太
	牛鬼	うしおに（u shi o ni）	Nablange
p	庞南加兰	べなんがらん（be na n ga ra n）	西村光太
r	人面树	にんめんじゅ（ni n me n ju）	西村光太
	人造小矮人	ほむんくるす（ho mu n ku ru su）	西村光太
	肉瘤怪	ぬっぺふほふ（nup pe fu ho fu）	西村光太
s	撒沙婆婆	すなかけばばあ（su na ka ke ba ba a）	合间太郎
	萨西佩雷雷	さしぺれれ（sa shi pe re re）	西村光太

	神灯精灵	じん（ji n）	西村光太
	手长足长	てながあしなが（te na ga a shi na ga）	西村光太
	手之目	てのめ（te no me）	西村光太
t	**天狗**	てんぐ（te n gu）	Nablange
	铁鼠	てっそ（tes so）	西村光太
	涂壁	ぬりかべ（nu ri ka be）	合间太郎
	土蜘蛛	つちぐも（tsu chi gu mo）	Nablange
w	**呜旺**	うわん（u wa n）	合间太郎
	无可奈何	どうもこうも（do u mo ko u mo）	西村光太
x	**小豆洗**	あずきあらい（a zu ki a ra i）	合间太郎
	小精灵	ぐれむりん（gu re mu ri n）	合间太郎
	刑天	けいてん（ke i te n）	西村光太
	雪女	ゆきおんな（yu ki o n na）	Nablange
y	**野槌**	のづち（no du chi）	西村光太
	鵺	ぬえ（nu e）	Nablange
	夜魔	ぶぎーまん（bu gii ma n）	西村光太
	一反木棉	いったんもめん（it ta n mo me n）	Nablange
z	**棕精灵**	ぶらうにー（bu ra u nii）	西村光太
	座敷童子	ざしきわらし（za shi ki wa ra shi）	合间太郎

主要参考文献

MU杂志各月号（学研）／佐藤有文《妖怪大图鉴》（小学馆）／水木茂《世界妖怪大百科》（小学馆）／日野岩《动物妖怪谭（上·下）》（中央公论新社）／柳田国男《妖怪谈义》（讲谈社）／小松和彦《日本妖怪异闻录》（小学馆）／常光彻监修《日本妖怪大图鉴》（POPLAR出版社）／村上健司《妖怪事典》（每日新闻社）／望获TUKIYO《彻底图解幻兽事典》（新星出版社）／阿波罗·多洛斯著、高津春繁译《希腊神话》（岩波书店）／《希腊神话与奥林匹斯的众神》（竹书房）／《幻想世界之幻兽·讨伐者大集合决定版》（学研）／山口直树《妖怪木乃伊完全档案》（学研）／《图解世界之谜系列•日本的妖怪之谜与不可思议》（学研）／宫本幸枝《日本妖怪档案》（学研）／宫本幸枝《全国“妖怪”栖息地图》（技术评论社）